Drittes Gesetz zur Reform des Strafrechts (3. StrRG) und Straffreiheitsgesetz 1970

(zugleich Nachtrag zu
Petters-Preisendanz, Strafgesetzbuch
Lehrkommentar, 26. Auflage 1970)
von

HOLGER PREISENDANZ
Erster Staatsanwalt in Heidelberg

1970

J. Schweitzer Verlag Berlin

Archiv Nr. 173701
Satz, Druck und Bindearbeiten:
Druckhaus Sellier OHG Freising vormals Dr. F. P. Datterer & Cie.

Vorwort

Lehrbuchautoren und Kommentatoren des Strafrechts stehen heute bei aller Freude darüber, daß lange fällige Reformen jetzt endlich verwirklicht werden, vor der schwierigen Aufgabe, ihre Publikationen Jahr für Jahr durch Neuauflagen oder Nachträge der immer aktiver werdenden Reformgesetzgebung anzupassen. Aber auch der Studierende und der Praktiker haben bei der raschen Folge von Strafrechtsänderungs- und Strafrechtsreformgesetzen Mühe, ihr Arbeitsmaterial auf dem neuesten Stand zu halten und sich mit den Änderungen vertraut zu machen. Aufgabe der vorliegenden Broschüre ist es deshalb, die erst im Dezember 1969 erschienene 26. Auflage des von mir herausgegebenen Kommentars zum Strafgesetzbuch möglichst schnell und ohne zu großen finanziellen Aufwand für den Bezieher auf den neuesten Stand zu bringen. Zugleich soll die Broschüre auch solchen Interessenten, die nicht im Besitz des erwähnten Kommtars sind, die Möglichkeit bieten, sich schnell und an den Erfordernissen der Praxis ausgerichtet einen Überblick über das neue Demonstrationsstrafrecht und das gleichzeitig in Kraft getretene Straffreiheitsgesetz zu verschaffen. Eine Übersicht über das bisher erschienene Schrifttum findet sich in den Anmerkungen zu Art. 8 des 3. StrRG.

Heidelberg, im Mai 1970

Holger Preisendanz

Inhaltsverzeichnis

A.

Drittes Gesetz zur Reform des Strafrechts (3. StrRG)

vom 20. Mai 1970 (BGBl I, 505)

I. Vorbemerkungen

1. Im Vordergrund des 3. StrRG stand das Bemühen, das noch aus dem Jahr 1871 stammende sog. **Demonstrationsstrafrecht,** das durch die Unruhen der letzten Jahre aus seinem jahrzehntelangen Dornröschenschlaf gerissen wurde und zunehmend öffentlicher Kritik ausgesetzt war, zu „demokratisieren“ und so zu gestalten, daß „friedliches Demonstrieren kein Risiko mehr darstellt“ (Abg. de With in der BT-Sitzung vom 18. 3. 1970, S. 1947 des stenographischen Berichts). Andererseits mußte der Schutz der Allgemeinheit vor Ausschreitungen im Zusammenhang mit Demonstrationen nach wie vor gewährleistet bleiben. Nach monatelangen Beratungen der parlamentarischen Gremien hat der BT-Sonderausschuß für die Strafrechtsreform eine Lösung gefunden, die nach Ansicht seines Berichterstatters de With (aaO. S. 1947) „verfassungskonform und auf der Höhe unserer Zeit“ ist und vom Bundestag in seiner Sitzung vom 18. 3. 1970 gegen die Stimmen der CDU/CSU-Fraktion verabschiedet wurde. Die bisherigen Vorschriften über Aufruhr (§ 115 StGB) und Landfriedensbruch (§ 125 StGB) wurden in den §§ 125, 125a StGB neu zusammengefaßt und so gestaltet, daß sich nur noch die eigentlichen Gewalttäter, ihre Teilnehmer und ihre Hintermänner strafbar machen. Der bisher in § 116 StGB als Vergehen strafbare sog. Auflauf wurde durch Art. 2 des 3. StrRG zu einer Ordnungswidrigkeit herabgestuft, die §§ 23, 29 Abs. 4 des Versammlungsgesetzes wurden ersatzlos gestrichen.

2. Die übrigen Vorschriften des 3. StrRG betreffen im wesentlichen **weitere Tatbestände** des 6. Abschnitts des Strafgesetzbuchs.

a) § 110 StGB (öffentliche Aufforderung zum Ungehorsam gegen Gesetze, Verordnungen usw.) wurde als „Relikt obrigkeitlichen Denkens“ (vgl. Bericht des Sonderausschusses, S. 2 der BT-Drucksache VI/502) ersatzlos gestrichen. Zur Begründung wurde u. a. darauf hingewiesen, daß alle wirklich strafwürdigen Fälle durch § 111 StGB erfaßt werden könnten und außerdem sowohl das Zivilrecht als auch das öffentliche

Recht, vor allem das Polizeirecht und das Disziplinarrecht der öffentlichen Lehranstalten, ausreichend Möglichkeiten zu Gegenmaßnahmen bieten würden.

b) § 111 StGB blieb in geänderter Form erhalten. Einzelheiten siehe unten Abschnitt II 2.

c) In § 113 StGB wurde Abs. 1 redaktionell geändert, in Abs. 2 wurde eine Strafdrohung für besonders schwere Fälle aufgenommen, in Abs. 3 wurde klargestellt, daß der Widerstand gegen eine nicht rechtmäßige Amtshandlung auch dann nicht strafbar ist, wenn der Täter sie irrig für rechtmäßig hält, während umgekehrt Abs. 4 die Möglichkeit bietet, bei einem Täter, der schuldhaft annimmt, die objektiv rechtmäßige Amtshandlung sei rechtswidrig, die Strafe zu mildern oder ganz von Strafe abzusehen. Der schuldlos irrende Täter, dem auch nicht zuzumuten ist, sich mit Rechtsmitteln gegen die vermeintlich rechtswidrige Amtshandlung zu wehren, bleibt immer straflos.

d) § 114 a.F. (Beamtennötigung) wurde ersatzlos gestrichen. Die bisher unter die Vorschrift fallenden Nötigungen werden in Zukunft durch den allgemeinen Tatbestand des § 240 StGB erfaßt werden.

e) § 114 n.F. erweitert den Anwendungsbereich des § 113 StGB auf Personen, die zwar keine Beamte sind, dessen ungeachtet jedoch hoheitsrechtliche Aufgaben erfüllen oder zur Unterstützung bei Vollstreckungshandlungen herangezogen werden und deshalb gesteigerten Gefahren ausgesetzt sind. Die Vorschrift bildet einen gewissen Ersatz dafür, daß der bisher in § 117 StGB enthaltene Tatbestand des Forstwiderstands aufgehoben wurde.

f) Über die Aufhebung der §§ 115, 116 StGB (Aufruhr und Auflauf) siehe oben Vorbem. 1.

g) Die Strafvorschriften über den Forstwiderstand (§§ 117, 118 StGB) wurden aufgehoben. Die im Interesse des Forst- und Jagdschutzes tätigen Personen sind hierdurch jedoch nicht schutzlos den Angriffen der Wilderer preisgegeben. Soweit es sich um Beamte handelt, fallen Widerstandshandlungen gegen Vollstreckungsmaßnahmen sowie tätliche Angriffe unter § 113 StGB; soweit der Forst- und Jagdschutz durch Privatpersonen versehen wird, kann Abs. 1 des neuen § 114 StGB eingreifen.

II. Änderungen des Strafgesetzbuchs
(Art. 1 des 3. StrRG)

1. § 110 wird aufgehoben.
   Siehe hierzu oben Vorbem. 2a.
2. § 111 erhält folgende Fassung:

§ 111 [öffentliche Aufforderung zur Begehung mit Strafe bedrohter Handlungen]

(1) Wer öffentlich, in einer Versammlung oder durch Verbreiten von Schriften, Tonträgern, Abbildungen oder Darstellungen zu einer mit Strafe bedrohten Handlung auffordert, wird wie ein Anstifter bestraft.

(2) Bleibt die Aufforderung ohne Erfolg, so ist die Strafe nach den Vorschriften über die Bestrafung des Versuchs zu mildern.

1. **Sinn und Zweck der Vorschrift** ist es, drohenden Eskalationen möglichst frühzeitig mit den Mitteln des Strafrechts begegnen zu können. Von der Anstiftung des § 48 unterscheidet sich § 111 dadurch, daß die Aufforderung nicht gegenüber einer bestimmten Person erfolgt, sondern öffentlich, in einer Versammlung oder durch Verbreiten von Schriften usw. Erfaßt werden soll vor allem derjenige, der in Krisenzeiten vor Demonstrationen und ähnlichen Aktionen die Menge „aufheizt" und hierdurch rational nicht mehr kontrollierbare Instinkte weckt.

2. **Öffentlich** ist die Aufforderung, wenn sie von einem größeren, nach Herkunft und Zahl unbestimmten Personenkreis wahrgenommen werden kann, z.B. im Rahmen einer öffentlichen Diskussion, bei einer Wahlversammlung oder bei einem sog. Teach-in, aber auch bei einer laut geführten Unterhaltung in einem Gasthaus oder in einer Schule sowie auf offener Straße. Öffentlichkeit des Orts ist nicht erforderlich, in der Regel aber ausreichend (vgl. RG 63, 431; 73, 90; Schönke-Schröder, 15 Aufl. Rn. 11 zu § 110 StGB).

3. **Versammlung** ist wie in § 80a (siehe dort Anm. 2b) jedes räumliche Zusammentreffen einer Mehrzahl von Personen zur Erörterung oder Verfolgung bestimmter Zwecke. Nicht hierher gehören Familientreffen und ähnliche rein private Veranstaltungen. Andererseits ist nicht erforderlich, daß die Versammlung öffentlich ist. Diese Tatbestandsalternative will vielmehr gerade solche Äußerungen erfassen, die mangels Öffentlichkeit sonst nicht tatbestandsmäßig wären. Zum Ganzen siehe auch Frohwein NJW 69, 1081.

4. Über das **Verbreiten von Schriften** usw. siehe § 41 Anm. 1. Zu den Schriften gehören vor allem auch Flugblätter. Eine Schrift ist verbreitet, wenn sie einem größeren, für den Täter nicht mehr kontrollierbaren Personenkreis zugänglich gemacht worden ist (BGH 13, 257).

5. **Aufforderung** ist jede Einwirkung auf andere mit dem Ziel, diese zur Begehung einer mit Strafe bedrohten Handlung zu veranlassen. Dies kann auch in verklausulierter, für jeden Eingeweihten jedoch eindeutig verständlichen Form erfolgen, wie dies in letzter Zeit verschiedentlich in sog. Aufheizflugblättern geschehen ist (vgl. Bericht des Berliner Polizeipräsidenten Hübner vor dem Strafrechts-Sonderausschuß, S. 39 des Protokolls vom 12. 1. 1970).

6. Durch die Formulierung **mit Strafe bedrohte Handlung** wurde zunächst klargestellt, daß die Tat, zu der aufgefordert wird, nicht schuldhaft begangen sein muß. Zu beachten ist ferner, daß — entgegen dem ursprünglichen SPD/FDP Antrag — bis zum Inkrafttreten des 2. StrRG (1. 10. 1973) auch die Aufforderung zu einer Übertretung nach § 111 als Vergehen bestraft werden kann. Die Strafe beträgt dann allerdings, da der Täter eines Vergehens nach § 111 „wie ein Anstifter" bestraft wird, Freiheitsstrafe bis zu 6 Wochen. Die Aufforderung zu einer Ordnungswidrigkeit wird von § 111 nicht erfaßt.

7. Der subj. Tb. erfordert Vorsatz, wobei bedingter **Vorsatz** ausreicht.

8. Abs. 2 enthält einen Sonderfall der **versuchten Anstiftung.** Die Strafe ist nach Versuchsgrundsätzen (§ 44) zu mildern.

3. § 113 erhält folgende Fassung:

§ 113 [Widerstand gegen Vollstreckungsbeamte]

(1) Wer einem Beamten oder Soldaten der Bundeswehr, der zur Vollstreckung von Gesetzen, Rechtsverordnungen, Urteilen, Gerichtsbeschlüssen oder Verfügungen berufen ist, bei der Vornahme einer solchen Amts- oder Diensthandlung mit Gewalt oder durch Drohung mit Gewalt Widerstand leistet oder ihn dabei tätlich angreift, wird mit Freiheitsstrafe bis zu zwei Jahren oder mit Geldstrafe bestraft.

(2) In besonders schweren Fällen ist die Strafe Freiheitsstrafe von sechs Monaten bis zu fünf Jahren. Ein besonders schwerer Fall liegt in der Regel vor, wenn

1. der Täter oder ein anderer Beteiligter eine Waffe bei sich führt, um diese bei der Tat zu verwenden, oder

2. der Täter durch eine Gewalttätigkeit den Angegriffenen in die Gefahr des Todes oder einer schweren Körperverletzung (§ 224) bringt.

(3) Die Tat ist nicht nach dieser Vorschrift strafbar, wenn die Amts- oder Diensthandlung nicht rechtmäßig ist. Dies gilt auch dann, wenn der Täter irrig annimmt, die Amts- oder Diensthandlung sei rechtmäßig.

(4) Nimmt der Täter bei Begehung der Tat irrig an, die Amts- oder Diensthandlung sei nicht rechtmäßig, und konnte er den Irrtum vermeiden, so kann das Gericht die Strafe nach seinem Ermessen mildern (§ 15) oder bei geringer Schuld von einer Bestrafung nach dieser Vorschrift absehen. Konnte der Täter den Irrtum nicht vermeiden und war ihm nach den ihm bekannten Umständen auch nicht zuzumuten, sich mit Rechtsbehelfen gegen die vermeintlich rechtswidrige Amts- oder Diensthandlung zu wehren, so ist die Tat nicht nach dieser Vorschrift strafbar; war ihm dies zuzumuten, so kann das Gericht die Strafe nach seinem Ermessen mildern (§ 15) oder von einer Bestrafung nach dieser Vorschrift absehen.

1. Geschützt sind wie bisher **Vollstreckungsbeamte** sowie die entsprechende Gruppe der **Soldaten** (bisher in Abs. 3 aufgeführt), soweit sie sich in der rechtmäßigen Ausübung ihres Amtes befinden. Der besondere strafrechtliche Schutz von Personen, die zu ihrer Unterstützung zugezogen werden (bisher ebenfalls in Abs. 3 geregelt) sowie solcher Privatpersonen, deren sich der Staat sonst zur Erfüllung seiner Aufgaben bedient, wird durch die Neufassung des § 114 gewährleistet. Die Pläne der CDU/CSU-Fraktion, den erhöhten strafrechtlichen Schutz allgemein auf Behörden, Beamte und Soldaten auszudehnen, und zwar auch hinsichtlich solcher Amts- und Diensthandlungen, die sich nicht als typische Vollstreckungs- und Vollzugshandlungen darstellen, fanden keine Mehrheit.

2. Die **Tathandlung** besteht — wie bisher — im Leisten von Widerstand oder in einem tätlichen Angriff. Auf die Ausführungen unter Anm. 3 zu § 113 a.F. kann daher insoweit verwiesen werden. Aus dem schriftlichen Bericht des Sonderausschusses ist lediglich noch folgendes hervorzuheben (vgl. S. 4 der BT-Drucksache VI/502): In Übereinstimmung mit der Rspr. und der h. L. im Schrifttum geht auch der Sonderausschuß davon aus, daß der Begriff der G e w a l t in § 113 enger auszulegen ist als beim Tatbestand der Nötigung in § 240. So kann beispielsweise ein Sitzstreik, selbst wenn man ihn mit der sehr weitgehenden Entscheidung BGH 23, 46ff. auch ohne Hinzutreten weiterer Umstände als rechtswidrige Nötigung beurteilt, keinesfalls als strafbarer Widerstand nach § 113 behandelt werden (in BGH 23, 46, 51 offen gelassen).

3. Absatz 2 bringt eine Strafschärfung für **besonders schwere Fälle**, wobei zwei Regelbeispiele ausdrücklich hervorgehoben werden:

a) Zu den Waffen i.S. von Abs. 2 Nr. 1 gehören nicht nur Schußwaffen, sondern Waffen aller Art, auch Waffen im nicht-technischen Sinn, z.B. Messer, Stöcke, Steine usw. In allen Fällen ist jedoch die — zumindest bedingte — Absicht des betreffenden Täters oder Teilnehmers erforderlich, die Waffe bei der Tat zu verwenden. Diese Zweckbestimmungsklausel gilt auch — anders als in § 244 Abs. 1 Nr. 1 — für Schußwaffen. Maßgeblich für diese Regelung war die Überlegung, daß Fälle denkbar sind, in denen jemand, der in durchaus rechtmäßiger Weise eine Schußwaffe mit sich führt, z.B. ein Jäger, unerwartet in eine Konfrontation mit einem Vollstreckungsbeamten gerät und im Falle eines Widerstands ohne die Zweckbestimmungsklausel nur deshalb mit einer Freiheitsstrafe nicht unter 6 Monaten bestraft werden müßte, weil er zufällig eine Schußwaffe mit sich geführt hat (vgl. Begründung des Sonderausschusses, S. 5 der BT-Drucksache VI/502).

b) Der in Abs. 2 Nr. 2 enthaltene Begriff der Gewalttätigkeit ist wesentlich enger als der Gewaltbegriff in Abs. 1 oder gar in § 240 (vgl. BGH 23, 46ff. und OLG Stgt. NJW 69, 1776 zu § 125 a.F.). Gewalttätig handelt nur, wer aggressiv gegen Personen oder Sachen vorgeht und dadurch den Beamten, gegen den sich der Widerstand richtet, in die (konkrete) Gefahr des Todes oder einer schweren Körperverletzung i.S. von § 224 bringt. Subjektiv ist erforderlich, daß der Täter sich dieser Gefahr bewußt ist. Bedingter Vorsatz genügt.

4. Die **Rechtmäßigkeit der Amtsausübung** (vgl. Abs. 3 S. 1) ist — wie bisher — kein Tatbestandsmerkmal, sondern eine objektive Bedingung der Strafbarkeit, auf die sich der Vorsatz des Täters nicht beziehen muß. An den sachlichen Voraussetzungen, unter denen eine Amtshandlung rechtmäßig ist (örtliche und sachliche Zuständigkeit, Beachtung der wesentlichen Förmlichkeiten, pflichtgemäße Ausübung des Ermessens) hat sich durch die Neufassung nichts geändert, so daß insoweit auf Anm. 2 zu § 113 a.F. verwiesen werden kann. Eine Amtshandlung kann demzufolge auch dann rechtmäßig sein, wenn der Beamte trotz sorgfältiger Ermessensausübung aufgrund seines Irrtums zu einem falschen Ergebnis gelangt ist.

Abs. 3 S. 2 stellt lediglich klar, daß ein Widerstand gegen eine rechtswidrige Amtshandlung auch dann nicht strafbar ist, wenn der Täter sie irrig für rechtmäßig hält. Diese Vorschrift wäre an sich entbehrlich gewesen.

5. Die in Abs. 4 getroffene **Irrtumsregelung** gehört zu den wesentlichsten Änderungen der Vorschrift. Wie bisher ist zunächst davon auszugehen, daß die Rechtmäßigkeit der Amtsausübung als objektive Bedingung der Strafbarkeit nicht vom Vorsatz des Täters umfaßt sein muß. Der über die Rechtmäßigkeit der Amtsausübung irrende Täter kann sich also niemals auf einen vorsatzausschließenden Tatbestandsirrtum i.S. von § 59 berufen. Dies schließt jedoch nicht aus, daß der Täter, der die Amtshandlung als rechtswidrig ansieht, ohne Unrechtsbewußtsein handelt, sich also in einem Verbotsirrtum befindet (so schon Anm. 4 zu § 113 a.F.). Während nun aber auf der Grundlage des bisherigen Rechts sowohl die höchstrichterliche Rechtsprechung (vgl. BGH 4, 161ff.; 21, 334, 364f.) als auch die h. L. im Schrifttum einen derartigen Verbotsirrtum unter Hinweis auf die Entstehungsgeschichte des § 113 und das staatliche Ordnungsbedürfnis entweder in seiner Existenz geleugnet, zumindest aber für generell unbeachtlich erklärt haben, kann sich dieser Irrtum nunmehr als schuld- und strafmildernd, unter gewissen Voraussetzungen sogar als schuldausschließend auswirken.

6. Im einzelnen ergeben sich folgende Möglichkeiten:

a) War der Irrtum vermeidbar, so kann die Strafe nach § 15 gemildert werden. Bei geringer Schuld kann sogar ganz von Strafe abgesehen werden (fakultativer persönlicher Strafausschließungsgrund).

b) War der Irrtum für den Täter unvermeidbar, so entfällt die Schuld (und damit die Strafe), wenn dem Täter bei Würdigung aller Umstände nicht zugemutet werden konnte, Rechtsbehelfe gegen die Amts- und Diensthandlung zu ergreifen, die gegen ihn vollstreckt oder vollzogen werden sollten. Nur in diesem Fall kann sich der Täter auf einen echten Schuldausschließungsgrund berufen.

c) War der Irrtum zwar unvermeidbar, das Ergreifen von Rechtsbehelfen aber zumutbar, so bleibt die Schuld bestehen, jedoch kann das Gericht — wie bei einem vermeidbaren Irrtum über die Rechtmäßigkeit der Amtsausübung — die Strafe nach seinem Ermessen mildern oder von Strafe absehen.

Durch die äußerst differenzierte und ausgewogene Lösung wird einerseits das Schuldprinzip gewahrt, andererseits wird durch die Rechtsbehelfsklausel der Schutz der Vollstreckungs- und Vollzugsbeamten auch in Zukunft hinreichend gewährleistet.

4. § 114 wird durch folgende Vorschrift ersetzt:

§ 114 [Widerstand gegen nicht-beamtete Hilfspersonen]

(1) Der Amtshandlung eines Beamten im Sinne des § 113 stehen Vollstreckungshandlungen von Personen gleich, die die Rechte und Pflichten eines Polizeibeamten haben oder Hilfsbeamte der Staatsanwaltschaft sind, ohne als Beamte angestellt (§ 359) zu sein.

(2) § 113 gilt entsprechend zum Schutz von Personen, die zur Unterstützung bei der Amts- oder Diensthandlung zugezogen sind.

1. **Zweck der Vorschrift** ist es, auch solchen Personen, die zwar keine Beamte sind, deren sich der Staat jedoch zur Erfüllung hoheitlicher Aufgaben bedient und die er dadurch einer erhöhten Gefahr aussetzt, den gleichen strafrechtlichen Schutz zukommen zu lassen wie den Beamten i.S. des § 359 (vgl. Begründung des Sonderausschusses, S. 6 der BT-Drucksache VI/502).

2. Die **geschützten Personengruppen** im einzelnen:

a) Die Bedeutung des **Abs. 1** ergibt sich in erster Linie aus der Streichung der früher in den §§ 117, 118 enthaltenen Vorschriften über den Forstwiderstand, für die § 114 einen gewissen Ersatz darstellt. So haben nach § 25 Abs. 2 Bundesjagdgesetz neben den zuständigen öffentlichen Stellen die von der zuständigen Behörde bestätigten Jagdaufseher, sofern sie Berufsjäger oder forstlich ausgebildet sind, innerhalb ihres Dienstbezirks in Angelegenheiten des Jagdschutzes die Rechte und Pflichten von Polizeibeamten und sind in dieser Eigenschaft Hilfsbeamte der Staatsanwaltschaft. Nehmen sie in Ausübung ihrer Rechte und Pflichten Vollstreckungshandlungen vor, so sind diese im Falle eines Widerstands oder tätlichen Angriffs den Amtshandlungen eines Beamten i.S. von § 113 gleichgestellt. Entsprechendes gilt für Vollstreckungsmaßnahmen von Personen, die aufgrund besonderer Vorschriften über den Forst-, Feld- oder Fischereischutz zur Verhütung von Straftaten oder Ordnungswidrigkeiten tätig werden, ohne Beamte zu sein. Sind sie Beamte, so greift unmittelbar § 113 ein.

b) Unter den besonderen Schutz des **Abs.2** fallen Personen aller Art, insbesondere auch Privatpersonen, die von einem Vollstreckungs- oder Vollzugsbeamten i.S. von § 113 oder einer in § 114 Abs. 1 aufgeführten Person zur Unterstützung bei einer Vollzugshandlung zugezogen worden sind. Nicht „zugezogen" in diesem Sinn ist eine Person, die freiwillig hilft.

3. Der subj. Tb. erfordert **Vorsatz,** wobei bedingter Vorsatz genügt. Der Täter muß insbesondere die spezifische Funktion der Hilfsperson erkannt haben.

5. Die §§ 115 bis 118 werden aufgehoben.
Siehe hierzu Vorbem. 1 und 2g.

6. § 125 erhält folgende Fassung:

§ 125 [Landfriedensbruch]

(1) Wer sich an

1. Gewalttätigkeiten gegen Menschen oder Sachen oder

2. Bedrohungen von Menschen mit einer Gewalttätigkeit,

die aus einer Menschenmenge in einer die öffentliche Sicherheit gefährdenden Weise mit vereinten Kräften begangen werden, als Täter oder Teilnehmer beteiligt oder wer auf die Menschenmenge einwirkt, um ihre Bereitschaft zu solchen Handlungen zu fördern, wird mit Freiheitsstrafe bis zu drei Jahren bestraft, soweit die Tat nicht in anderen Vorschriften mit schwererer Strafe bedroht ist.

(2) Soweit die in Absatz 1 Nr. 1, 2 bezeichneten Handlungen in § 113 mit Strafe bedroht sind, gilt § 113 Abs. 3, 4 sinngemäß.

1. Die Neufassung der Vorschrift über den Landfriedensbruch bildet das Kernstück des 3. StrRG, stellt gleichzeitig aber dessen umstrittenste Vorschrift dar. Sowohl in den parlamentarischen Gremien als auch unter den vom Sonderausschuß gehörten Sachverständigen und Auskunftspersonen in dem am 12./13. 1. 1970 durchgeführten öffentlichen Hearing fehlte es nicht an warnenden Stimmen, die sich mit ernst zu nehmenden Argumenten dafür einsetzten, in weitgehender Übereinstimmung mit dem bisherigen Recht bereits das bloße Verbleiben in einer den öffentlichen Frieden gefährdenden Menschenmenge, aus der heraus erkennbar Gewalttätigkeiten begangen werden, unter strafrechtliche Sanktion zu stellen. Gegen die ursprünglich im SPD/FDP-Entwurf (BT-Drucksache VI/139) vorgesehene Beschränkung der Strafbarkeit auf Personen, die unmittelbar als Täter oder Teilnehmer an Gewalttätigkeiten in Erscheinung treten, wurde insbesondere geltend gemacht, bei einer solchen Beschränkung werde der Tatbestand praktisch bedeutungslos, da Gewalttätigkeiten gegen Personen und Sachen bereits nach den allgemeinen Vorschriften des Strafrechts als Tötung, Körperverletzung, Freiheitsberaubung, Nötigung oder Sachbeschädigung bestraft werden könnten (vgl. z.B. Bockelmann und Lackner in der Sitzung des Sonderausschusses am 12./13. 1. 1970, S. 171, 203 der stenographischen Niederschriften). Eine solche Beschränkung wäre vor allem aber auch nicht in der Lage gewesen, die nach den Theorien der Massenpsychologie und den Erfahrungen der letzten Jahren hinreichend bekannte Sog- und Schutzwirkung der hinter den eigentlichen Gewalttätern stehenden Masse in befriedigender Weise strafrechtlich zu erfassen: Die angeheizte Masse vergrößert die Bereitschaft zu Gewaltakten, ihre Anonymität fördert die potentielle Täterschaft; die Verfolgung des radikalen Kerns, der die eigentlichen Gewalttätigkeiten verübt, wird erschwert. Hinzu kommt, daß selbst offensichtliche Agitatoren, die die Masse durch Sprechchöre oder auf ähnliche Weise anheizen, nur in den seltensten Fällen als Täter und meist auch nicht als Gehilfen erfaßt werden können, da es für die Annahme von Beihilfe nicht ausreicht, daß die Unzufriedenheit der Menge gesteigert wird. Für die Annahme von Beihilfe ist vielmehr erforderlich, daß die Voraussetzungen für ganz konkrete Gewalttätigkeiten nachweisbar verbessert werden (vgl. Lackner a. a. O.). Andererseits mußte eine Lösung gefunden werden, die verhindert, daß Demonstranten, die ihre Demonstration fortführen wollen, ohne selbst an Gewalttätigkeiten beteiligt zu sein, sowie unbeteiligte Passanten, Presseleute, Neugierige, vor allem aber auch Ärzte, Sanitäter und sog. Abwiegler ebenfalls in Gefahr geraten, allein wegen ihrer Anwesenheit in der Menge wegen Landfriedensbruchs in ein Strafverfahren gezogen zu werden. Unter Abwägung dieser Gesichtspunkte wurde dann schließlich die vom Bundestag am 18. 3. 1970 verabschiedete Fassung des Sonderausschusses herausgearbeitet, wonach neben Tätern und Teilnehmern auch die sog. Anheizer bestraft werden, d.h. solche Personen, die auf die Menschenmenge einwirken, um ihre Bereitschaft zu Gewalttätigkeiten und Bedrohungen zu fördern. Friedliches Demonstrieren soll in

Zukunft nicht mehr mit der Gefahr einer Strafverfolgung verbunden sein (de With in der BT-Sitzung am 18. 3. 1970, S. 1947 des stenographischen Berichts). Selbst bei einer polizeilichen Auflösung einer Demonstration kann deren Fortsetzung nach Art. 2 des 3. StrRG nur noch als Ordnungswidrigkeit geahndet werden.

2. Die **Tathandlung** des Abs. 1 Ziff. 1 besteht entweder in der Verübung von Gewalttätigkeiten gegen Menschen oder Sachen oder in der Teilnahme an solchen Gewalttätigkeiten oder in der Einwirkung auf eine Menschenmenge mit dem Ziel, deren Bereitschaft zu solchen Gewalttätigkeiten zu fördern. Im einzelnen:

a) Der Begriff der **Gewalttätigkeit** ist wesentlich enger als der in letzter Zeit von der höchstrichterlichen Rechtsprechung sehr weit gezogene Gewaltbegriff bei Nötigung und Raub. Tatbestandsmäßig sind nur solche Handlungen, durch die der Täter aggressiv gegen Personen oder Sachen vorgeht, vor allem, wenn strafbare Handlungen wie Mord und Totschlag, Körperverletzung und Sachbeschädigung begangen werden. Aber auch die Errichtung von Straßensperren zur Lahmlegung des Verkehrs oder eines bestimmten Betriebs muß nach inzwischen gefestigter höchstrichterlicher Rechtsprechung als Gewalttätigkeit beurteilt werden (vgl. BayObLG NJW 69, 63; OLG Stgt NJW 69, 1543; OLG Celle NJW 70, 206 zu § 125 a.F.). Nach BGH 23, 46, 53 genügt sogar schon das Wegdrängen eines Polizeibeamten oder das Umwerfen eines Gegenstands. Folgt man dieser sehr weitgehenden Rechtsprechung, so muß man konsequent auch das Werfen von Eiern, Farbbeuteln oder Tomaten als Gewalttätigkeit beurteilen Keinesfalls ausreichend ist jedoch ein rein passives Verhalten, z. B. ein Sitzstreik auf den Schienen einer Straßenbahn, auch wenn dieser nach BGH 23, 46ff. eine mit den Mitteln der Gewalt begangene rechtswidrige Nötigung darstellt. Auch das gewaltlose Besetzen einer Dienststelle durch Demonstranten wird nicht dadurch zur Gewalttätigkeit, daß der Dienstbetrieb durch die mit der großen Zahl der Demonstranten verbundenen Störungen zum Erliegen kommt (vgl. OLG Stgt NJW 69, 1776). Zum Ganzen siehe auch Ott NJW 69, 454, 2023 und Kreuzer NJW 70, 670 (nachgeschobene Anmerkung zu OLG Celle NJW 70, 206).

b) Die Gewalttätigkeit muß aus einer Menschenmenge in einer die öffentliche Sicherheit gefährdenden Weise mit vereinten Kräften begangen worden sein.

aa) **Menschenmenge** ist eine größere Ansammlung von Personen, die man nicht auf den ersten Blick zählen kann. Nach einer nicht veröffentlichten Entscheidung des BGH vom 13. 7. 1960 (2 StR 291/60) kann bereits eine Ansammlung von 11 Jugendlichen eine solche Menschenmenge darstellen.

bb) Die Gewalttätigkeiten müssen **„aus"** der Menschenmenge begangen werden. Nicht erforderlich ist, daß die Menge als ganze sich mit den Ausschreitungen identifiziert oder solidarisch fühlt.

cc) Die Gewalttätigkeiten müssen **mit vereinten Kräften** begangen werden. Mittäterschaft i.S. von § 47 ist ebensowenig erforderlich wie eine vorherige Absprache. Es genügt, daß die Gewalttätigkeiten von einzelnen Teilnehmern verübt werden, die Ausschreitungen aber der psychischen Grundhaltung der versammelten Menge entsprechen (vgl. Schönke-Schröder Rn. 6 zu § 115 a.F.) Selbst die Ausschreitungen eines Einzelnen können den Tatbestand verwirklichen, wenn die anderen billigend zu ihm stehen (vgl. RG JW 1933, 429; BayObLG NJW 55, 1806; Schönke-Schröder Rn. 6 zu § 115 a.F.). — Beispiel: A schlägt bei einer Demonstration die Scheiben eines Gebäudes ein. Eine Gruppe von 10 bis 15 weiteren Demonstranten sichert ihn gegen Identifizierung und Festnahme in der Weise ab, daß sie sich mit Fahnen und Transparenten schützend hinter ihn stellt. Nicht ausreichend sind andererseits Aktionen Einzelner, die vom Willen der übrigen Teilnehmer nicht getragen werden.

dd) Die **öffentliche Sicherheit** ist **gefährdet**, wenn die Ausschreitungen geeignet sind, in der Bevölkerung das Bewußtsein aufkommen zu lassen, daß Ruhe und Friede nicht mehr gewährleistet sind. Dies kann auch dann der Fall sein, wenn sich die Aktion nur gegen bestimmte Personen, Personengruppen oder Objekte richtet. Ist die öffentliche Sicherheit in dieser Weise gefährdet, so ist die Friedlichkeitsschranke des Art. 8 Abs. 1 GG überschritten; die versammelte Menge kann sich im Falle einer polizeilichen Auflösung nicht mehr auf das Grundrecht der Versammlungsfreiheit berufen.

c) **Täter** ist zunächst jeder, der selbst oder durch einen anderen (mittelbare Täterschaft) Gewalttätigkeiten verübt. Ein Fall der Täterschaft liegt aber auch für den vor, der sich an den Gewalttätigkeiten nur als Teilnehmer beteiligt. Durch die besondere Struktur des Tatbestands werden Anstiftung und Beihilfe zu einem besonderen Fall der Täterschaft erhoben. Beihilfe ist — wie auch sonst — jede vorsätzliche Unterstützung fremder Tat. Sie kann nach allgemeinen Grundsätzen entweder durch Verbesserung der äußeren Bedingungen geleistet werden (sog. physische oder technische Beihilfe) oder dadurch, daß der eigentliche Täter durch Ratschläge oder auf sonstige Weise in seinem Tatentschluß bestärkt wird (sog. psychische oder intellektuelle Beihilfe). — Beispiele für physische Beihilfe: Anfertigung sogen. Molotow-Cocktails, Verteilung von Eiern, Farbbeuteln und ähnlichen Wurfgeschossen; — oder: Abschirmen eines gewalttätigen Demonstranten, um ihn vor Identifizierung und Festnahme zu sichern und ihm die ungestörte Fortsetzung seines Treibens zu ermöglichen. — Beispiele für psychische Beihilfe: Erteilen von Ratschlägen, wie man Molotow-Cocktails herstellt und verwendet; — oder: Zurufe an den radikalen Kern der Menge, um die dort agierenden Täter zur Fortsetzung bereits begonnener Gewaltakte zu ermuntern.

d) In allen Erscheinungsformen setzt die Beihilfe, wie bereits oben unter Anm. 1 dargelegt, wesensmäßig voraus, daß die Gewalttätigkeiten durch den als Beihilfe zu wertenden Tatbeitrag nachweisbar gefördert werden und der Gehilfe einen solchen Erfolg nachweisbar gewollt, zumindest aber billigend in seine Vorstellung einbezogen hat. Ein derartiger Nachweis ist in der Praxis erfahrungsgemäß nur schwer zu führen. Dies gilt vor allem für den Nachweis des Vorsatzes. Andererseits besteht ein erhebliches öffentliches Interesse daran, auch diejenigen strafrechtlich verfolgen zu können, die durch Sprechchöre, Zurufe und Gesten oder durch ähnliche Agitationen in gefährlicher Weise die Menge anheizen. Diese Erwägungen führten schließlich dazu (s. o. Anm. 1), daß der Bundestag sich entschloß, über den ursprünglichen SPD/FDP-Entwurf hinausgehend auch den als Täter eines Landfriedensbruchs zu behandeln, der — ohne selbst nachweisbar als Täter oder Teilnehmer an Gewalttätigkeiten beteiligt zu sein — **auf die Menschenmenge einwirkt, um ihre Bereitschaft zu Gewalttätigkeiten zu fördern.** Einwirken in diesem Sinn ist jede Beeinflussung von Teilnehmern der versammelten Menge, mit dem Ziel, diese „aufzuheizen", z.B. durch Mitführen von aggressiven, zu Gewalttaten auffordernden Spruchbändern, durch Verteilen von entsprechend aggressiven Hetz-Flugblättern, vor allem aber durch Anstimmen von Sprechchören, in denen zu Gewaltakten aufgefordert wird. Die bloße Anwesenheit in der Menge reicht dagegen nicht mehr aus, um den Tatbestand des Landfriedensbruchs zu verwirklichen. Wer sich nur als Neugieriger in der Menge aufhält oder lediglich die friedlich begonnene Demonstration friedlich fortführen möchte, kann nicht mehr wegen Landfriedensbruch bestraft werden, sondern begeht allenfalls eine Ordnungswidrigkeit nach Art. 2 des 3. StrRG. Das friedliche Demonstrieren soll nicht mehr mit dem Risiko einer Strafverfolgung verbunden sein (s. o. Vorbem. I 1). Andererseits setzt das Tatbestandsmerkmal „einwirken" nicht voraus, daß der Täter sich selbst in der Menge aufhält. Die Einwirkung kann auch von außen erfolgen, z.B. in der Weise, daß die eigentlichen Agitatoren sich im Hintergrund halten und von dort aus die Aktionen durch ihre Mittelsmänner steuern.

e) Der subj. Tb. erfordert bei allen Tatbestandsalternativen **Vorsatz,** wobei bedingter Vorsatz grundsätzlich ausreicht. Lediglich bei der letzten Tb-Alternative ist die Absicht des Täters erforderlich, die Bereitschaft der Menge zu unfriedlichem Verhalten zu fördern, d.h. es muß dem Täter auf diesen Erfolg ankommen. Bei einem bestreitenden oder die Aussage verweigernden Beschuldigten kann das Vorliegen der aufwieglerischen Absicht auch aus den äußeren Umständen geschlossen werden.

3. In Abs. 1 Nr. 2 wird die **Bedrohung mit einer Gewalttätigkeit** der Verübung von Gewalttätigkeiten gleichgestellt. Die angedrohte Gewalttätigkeit kann sich auch gegen Sachen richten, z.B. Drohung, die Einsatzfahrzeuge der Polizei in Brand zu setzen. Die Ausführungen unter Anm. 2 gelten im übrigen entsprechend.

4. **Teilnahme:** Anstiftung und Beihilfe zu Gewalttätigkeiten und Bedrohung mit Gewalttätigkeiten sind aufgrund der besonderen Struktur des Tatbestands zu selbständigen Formen der Täterschaft erhoben (s. o. 2). Im übrigen richtet sich die Teilnahme nach allgemeinen Vorschriften. Wenn z.B. A den X dazu anstiftet, bei einer Demonstration aggressive Hetzflugblätter zu verteilen und auf diese Weise die Menge anzuheizen, so liegt hierin eine nach den §§ 125, 48 strafbare Anstiftung zum Landfriedensbruch, falls nicht aufgrund besonderer Umstände nach allgemeinen Grundsätzen ein Fall der Mittäterschaft anzunehmen ist.

5. **Abs. 2** bezieht sich auf die Fälle, in denen die nach § 125 Abs. 1 tatbestandsmäßigen Handlungen zugleich Widerstandshandlungen i.S. von **§ 113** sind. Die Verweisung auf § 113 Abs. 3 stellt **klar**, daß aus der Menge heraus verübte Gewalttätigkeiten gegen Polizeibeamte und sonstige Vollstreckungsbeamte bzw. deren Bedrohung mit Gewalttätigkeiten nur dann nach § 125 als Landfriedensbruch strafbar sind, wenn die Beamten sich in rechtmäßiger Ausübung ihres Amtes befunden haben. Die Verweisung auf Abs. 4 des § 113 gibt die Möglichkeit, den Irrtum über die Rechtmäßigkeit der Amtsausübung des angegriffenen oder bedrohten Beamten als schuldausschließend oder schuldmildernd zu behandeln und gegebenenfalls von Strafe abzusehen.

6. **Konkurrenzen:** Idealkonkurrenz ist vor allem möglich mit **§§ 113, 223, 303.** Im Verhältnis zu den §§ 211, 212, 223a, 224, 226 wirkt sich dagegen die Subsidiaritätsklausel aus, d.h. § 125 kommt neben diesen Vorschriften nicht zur Anwendung.

§ 125 a [besonders schwere Fälle]

In besonders schweren Fällen des § 125 ist die Strafe Freiheitsstrafe von sechs Monaten bis zu zehn Jahren. Ein besonders schwerer Fall liegt in der Regel vor, wenn der Täter
1. eine Schußwaffe bei sich führt,
2. eine andere Waffe bei sich führt, um diese bei der Tat zu verwenden,
3. durch eine Gewalttätigkeit einen anderen in die Gefahr des Todes oder einer schweren Körperverletzung (§ 224) bringt oder
4. plündert oder bedeutenden Schaden an fremden Sachen anrichtet.

1. Die Vorschrift bringt — ähnlich wie § 113 Abs. 2 — eine **Strafschärfung** für besonders schwere Fälle. Der Vergehenscharakter der Tat wird durch die Annahme eines besonders schweren Falls nicht berührt.

2. Zu den vier **Regelbeispielen:**

a) Abweichend von der Regelung des § 113 Abs. 2 (siehe dort Anm. 3) genügt bei Schußwaffen das Bewußtsein des Mitsichführens. Eine Gebrauchsabsicht ist nicht erforderlich. § 125a Nr. 1 entspricht damit insoweit der Regelung des § 244 Abs. 1 Nr. 1, so daß wegen der Einzelheiten auf die Ausführungen unter § 244 Anm. II 1 verwiesen werden kann. Abweichend von der Regelung des § 244 trifft die Strafschärfung jedoch immer nur den Täter, der selbst die Schußwaffe bei sich geführt hat.

b) Bei sonstigen Waffen (Waffen im technischen Sinn, soweit nicht schon unter Nr. 1 fallend, sowie Waffen im nicht-technischen Sinn) ist wie in § 113 Abs. 2

und § 244 Abs. 1 Nr. 2 eine — mindestens bedingte — Gebrauchsabsicht erforderlich. Die Strafschärfung trifft (wie auch in Nr. 1) nur den Täter, der die Waffe selbst mit sich führt.

c) Zu Nr. 3 siehe § 113 Anm. 3b.

d) Nr. 4 enthält Elemente des früheren § 125 Abs. 2, ohne daß die Tat dadurch jedoch zum Verbrechen wird.

3. Im Gegensatz zur früheren Rechtslage (§ 125 Abs. 2 a.F.) sowie entgegen dem CDU/CSU-Entwurf (BT-Drucksache VI/261) und gegen die Stellungnahme des Richterbundes sowie einiger Landesjustizverwaltungen hat man darauf verzichtet, den Fall des sog. **Rädelsführers** in den Katalog des § 125a aufzunehmen. Dies schließt allerdings nicht aus, die Agitation eines Rädelsführers auch ohne Erwähnung im Katalog des § 125a als besonders schweren Fall zu werten, wenn sie sich im Einzelfall tatsächlich als besonders strafwürdig erwiesen hat (vgl. Begründung des Sonderausschusses, S. 10 der BT-Drucksache VI/502).

III. Weitere Vorschriften des 3. StrRG

Artikel 2. Unerlaubte Ansammlung

(1) Ordnungswidrig handelt, wer sich einer öffentlichen Ansammlung anschließt oder sich nicht aus ihr entfernt, obwohl ein Träger von Hoheitsbefugnissen die Menge dreimal rechtmäßig aufgefordert hat, auseinanderzugehen.

(2) Ordnungswidrig handelt auch der Täter, der fahrlässig nicht erkennt, daß die Aufforderung rechtmäßig ist.

(3) Die Ordnungswidrigkeit kann im Falle des Absatzes 1 mit einer Geldbuße bis zu tausend Deutsche Mark, im Falle des Absatzes 2 mit einer Geldbuße bis zu fünfhundert Deutsche Mark geahndet werden.

Die Vorschrift enthält im wesentlichen den bisherigen Strafbestand des § 116 StGB (sog. Auflauf). Der „Polizeipfiff mit Auflösungsbefehl" (de With in der BT-Sitzung am 18. 3. 1970, S. 1947 der stenographischen Niederschriften) ist jedoch für den, der lediglich weiterdemonstriert, nicht mehr mit der Gefahr einer Strafverfolgung verbunden. Es handelt sich jetzt nur noch um eine Ordnungswidrigkeit, für deren Verfolgung die Verwaltungsbehörden zuständig sind (vgl. §§ 35ff. OWiG).

Artikel 3. Änderung des Versammlungsgesetzes

Das Versammlungsgesetz vom 24. Juli 1953 (Bundesgesetzbl. I S. 684), zuletzt geändert durch das Einführungsgesetz zum Gesetz über Ordnungswidrigkeiten vom 24. Mai 1968 (Bundesgesetzbl. I S. 503), wird wie folgt geändert:

1. § 23 wird aufgehoben.
2. § 29 wird wie folgt geändert:
   a) Nummer 4 wird gestrichen;
   b) die bisherigen Nummern 5 und 6 werden Nummern 4 und 5.

1. Die bisher von § 23 VersG erfaßten Fälle können in Zukunft nur noch nach § 111 StGB bestraft werden, der auch nach seiner Neufassung — entgegen dem SPD/FDP-

Initiativantrag — auf Übertretungen anwendbar ist. Im Gegensatz zu dem aufgehobenen § 23 VersG ist die Tat jetzt aber nur noch als Übertretung strafbar.

2. § 29 Abs. 4 VersG wurde gegen den CDU/CSU-Entwurf ersatzlos gestrichen.

Artikel 4. Änderung weiterer Gesetze

1. Das Vierte Strafrechtsänderungsgesetz vom 11. Juni 1957 (Bundesgesetzbl. I S. 597), zuletzt geändert durch das Achte Strafrechtsänderungsgesetz vom 25. Juni 1968 (Bundesgesetzbl. I S. 741), wird wie folgt geändert:

a) Artikel 7 Abs. 2 wird wie folgt geändert:

aa) Nummer 5 erhält folgende Fassung:

„5. die §§ 113, 114 Abs. 2, §§ 125 und 125a auf Straftaten gegen Soldaten oder Beamte dieser Truppen;"

bb) Nummer 6 wird gestrichen;

cc) die bisherigen Nummern 7 bis 14 werden Nummern 6 bis 13.

b) Nach Artikel 7 wird folgende Vorschrift eingefügt:

„Artikel 7a

Anwendung von Bußgeldvorschriften zum Schutz der Vertragsstaaten des Nordatlantikpaktes

Zum Schutz der in der Bundesrepublik Deutschland stationierten Truppen der nichtdeutschen Vertragsstaaten des Nordatlantikpaktes, die sich zur Zeit der Tat im räumlichen Geltungsbereich dieses Gesetzes aufhalten, und der im Land Berlin anwesenden Truppen einer der Drei Mächte ist Artikel 2 des Dritten Gesetzes zur Reform des Strafrechts auf öffentliche Ansammlungen, die gegen Soldaten, Beamte oder von ihnen zur Unterstützung zugezogene Bedienstete dieser Truppen gerichtet sind, anzuwenden."

2. Das Bundesjagdgesetz in der Fassung der Bekanntmachung vom 30. März 1961 (Bundesgesetzblatt I S. 304), zuletzt geändert durch das Erste Gesetz zur Reform des Strafrechts vom 25. Juni 1969 (Bundesgesetzbl. I S. 645), wird wie folgt geändert:

a) In § 17 Abs. 2 Nr. 2 wird die Angabe „§§ 117, 118 oder" durch die Worte „§§ 113, 114, 239 und 240 des Strafgesetzbuches, sofern derjenige, gegen den sich die Tat richtete, sich in Ausübung des Forst-, Feld-, Jagd- oder Fischereischutzes befand, ferner wegen Zuwiderhandlungen gegen die §§" ersetzt.

b) In § 41 wird die Angabe „§§ 117, 118," durch die Worte „§§ 113, 114, 223 bis 228, 239 und 240 des Strafgesetzbuches, sofern derjenige, gegen den sich die Tat richtete, sich in Ausübung des Forst-, Feld-, Jagd- oder Fischereischutzes befand, ferner auf Grund der §§" ersetzt.

3. Das Zweite Gesetz zur Reform des Strafrechts vom 4. Juli 1969 (Bundesgesetzbl. I S. 717) wird wie folgt geändert:

a) Artikel 1 Nr. 3 wird wie folgt geändert:

aa) Buchstabe a erhält folgende Fassung:

‚a) In den §§ 80a, 86a Abs. 1, in § 90 Abs. 1, § 90a Abs. 1, § 90b Abs. 1, § 111 Abs. 1, § 187a Abs. 1 die Worte „, Tonträgern, Abbildungen oder Darstellungen“;‘

bb) Buchstabe c wird gestrichen;

cc) die bisherigen Buchstaben d und e werden Buchstaben c und d.

b) Artikel 1 Nr. 4 erhält folgende Fassung:

‚4. In § 83a Abs. 1, § 84 Abs. 4, 5, § 87 Abs. 3, § 90 Abs. 2, § 98 Abs. 2, § 113 Abs. 4 Satz 1, 2, § 129 Abs. 5, 6, § 157 Abs. 1, 2, § 158 Abs. 1, §§ 233, 311b Abs. 1 Satz 1, § 315 Abs. 6 Satz 1 und § 316a Abs. 2 wird die Verweisung „(§ 15“ jeweils ersetzt durch die Verweisung „(§ 49 Abs. 2)“ ‘.

Artikel 5. Verweisungen

Soweit in anderen Vorschriften auf Vorschriften verwiesen wird, die durch dieses Gesetz geändert werden, treten an deren Stelle die geänderten Vorschriften.

Artikel 6. Sonderregelung für Berlin

(1) Artikel 4 Nr. 1 ist im Land Berlin nicht anzuwenden. Artikel 4 Nr. 2 ist in Berlin erst anzuwenden, wenn das durch ihn geänderte Gesetz vom Land Berlin übernommen worden ist.

(2) Folgende Vorschriften des Strafgesetzbuches sind im Land Berlin mit den nachstehend bezeichneten Besonderheiten anzuwenden:

1. § 113 ist in folgender Fassung anzuwenden:

„(1) Wer einem Beamten, der zur Vollstreckung von Gesetzen, Rechtsverordnungen, Urteilen, Gerichtsbeschlüssen oder Verfügungen berufen ist, bei der Vornahme einer solchen Amtshandlung mit Gewalt oder durch Drohung mit Gewalt Widerstand leistet oder ihn dabei tätlich angreift, wird mit Freiheitsstrafe bis zu zwei Jahren oder mit Geldstrafe bestraft.

(2) In besonders schweren Fällen ist die Strafe Freiheitsstrafe von sechs Monaten bis zu fünf Jahren. Ein besonders schwerer Fall liegt in der Regel vor, wenn

1. der Täter oder ein anderer Beteiligter eine Waffe bei sich führt, um diese bei der Tat zu verwenden, oder

2. der Täter durch eine Gewalttätigkeit den Angegriffenen in die Gefahr des Todes oder einer schweren Körperverletzung (§ 224) bringt.

(3) Die Tat ist nicht nach dieser Vorschrift strafbar, wenn die Amtshandlung nicht rechtmäßig ist. Dies gilt auch dann, wenn der Täter irrig annimmt, die Amtshandlung sei rechtmäßig.

(4) Nimmt der Täter bei Begehung der Tat irrig an, die Amtshandlung sei nicht rechtmäßig, und konnte er den Irrtum vermeiden, so kann das Gericht die Strafe nach seinem Ermessen mildern (§ 15) oder bei geringer Schuld von einer Bestrafung nach dieser Vorschrift absehen. Konnte der Täter den Irrtum nicht vermeiden und war ihm nach den ihm bekannten Umständen auch nicht zuzumuten, sich mit Rechtsbehelfen gegen die vermeintlich rechtswidrige Amtshandlung zu wehren, so ist die Tat nicht nach dieser Vorschrift strafbar; war ihm dies zuzumuten, so kann das Gericht die Strafe nach seinem Ermessen mildern (§ 15) oder von einer Bestrafung nach dieser Vorschrift absehen."

2. § 114 Abs. 2 ist in folgender Fassung anzuwenden:

„(2) § 113 gilt entsprechend zum Schutz von Personen, die zur Unterstützung bei der Amtshandlung zugezogen sind."

Artikel 7. Berlin-Klausel

Dieses Gesetz gilt nach Maßgabe des § 13 Abs. 1 des Dritten Überleitungsgesetzes vom 4. Januar 1952 (Bundesgesetzbl. I S. 1) auch im Land Berlin.

Artikel 8. Inkrafttreten

Dieses Gesetz tritt am Tage nach seiner Verkündung in Kraft.

1. Das 3. StrRG ist am 21. 5. 1970 im Bundesgesetzblatt verkündet worden und damit am 22. 5. 1970 in Kraft getreten.

2. Aus dem **Schrifttum** zu den verschiedenen Entwürfen sind folgende Veröffentlichungen hervorzuheben: Müller-Emmert ZRP 1970, 1; Eb. Schmidt ZStW Bd. 82, 1; Baumann und Frosch JZ 1970, 113 (zum SPD/FDP-Entwurf) sowie Frosch ZRP 1970, 53 und Baumann ZRP 1970, 56 (zum CDU/CSU-Entwurf). Zum Ganzen siehe auch Blei JA 1969, StR S. 65, 85, 207; 1970 StR S. 83 sowie Tiedemann JZ 1969, 717.

B.

Gesetz über Straffreiheit (Straffreiheitsgesetz 1970)

vom 20. Mai 1970 (BGBl I, 509)

I. Vorbemerkungen

1. Zusammenhang und Anliegen des Straffreiheitsgesetzes (StFG)

Das StFG steht in unmittelbarem Zusammenhang mit dem 3. StrRG, durch das zahlreiche Vorschriften des 6. und 7. Abschnitts des Besonderen Teils des Strafgesetzbuchs sowie einige Vorschriften des VersammlungsG geändert wurden. Einige Bestimmungen wurden ersatzlos gestrichen, andere wesentlich „entschärft“. Nachdem gerade in den letzten Jahren vornehmlich im Zusammenhang mit politischen Demonstrationen gegen die jetzt aufgehobenen oder entschärften Vorschriften verstoßen worden ist, erschien es zur Vermeidung von Ungerechtigkeiten geboten, für die zurückliegenden Verstöße in angemessenem Umfang Straffreiheit zu gewähren. Ohne die Amnestie hätten zwar Verstöße gegen aufgehobene oder entschärfte Vorschriften gemäß § 2 Abs. 2 StGB nur noch dann weiter verfolgt und bestraft werden können, wenn sie auch nach neuem Recht strafbar gewesen wären. Auf jeden Fall aber hätten zumindest solche Ausschreitungen weiter verfolgt werden müssen, bei denen Straftatbestände verwirklicht wurden, die von der Reform nicht erfaßt worden sind. Die Amnestie erfolgte in der Hoffnung, durch die Gewährung von Straffreiheit einen Schlußstrich unter die politischen Unruhen der letzten Jahre zu setzen. Ob diese Hoffnung berechtigt war, kann erst die Zukunft zeigen.

2. Sachlicher Anwendungsbereich

Das StFG erfaßt nach § 2 Abs. 1 zunächst Straftaten nach Vorschriften, die anläßlich der Demonstrationen in den letzten Jahren Gegenstand der Kritik geworden sind und jetzt durch das 3. StrRG geändert wurden (sog. Rechtskorrekturfälle). Nach § 2 Abs. 2 werden ferner solche Straftaten erfaßt, die sonst bei oder im Zusammenhang mit einer Demonstration begangen wurden (sonstige Demonstrations- und sog. Zusammenhangsfälle, z.B. Nötigung, Sachbeschädigung und Widerstand gegen die Staatsgewalt sowie Straftaten von Polizeibeamten und Demonstrationsgegnern). § 10 erweitert den Anwendungsbereich schließlich auf Ordnungswidrigkeiten bei oder im Zusammenhang mit Demonstrationen (z.B. Verkehrsordnungswidrigkeiten bei einer Verkehrsblockade). Aus einer reinen Rechtskorrekturamnestie wurde damit — entgegen den Vorstellungen der CDU/CSU-Fraktion des Bundestags — eine umfassende Bereinigungs- und Befriedungsamnestie. (Wegen der insoweit bestehenden verfassungsrechtlichen Bedenken siehe den Aufsatz von Pinger, Amnestie im demokratischen Rechtsstaat, ZRP 1970, 73ff.)

Ausgenommen von der Amnestie werden nach § 2 Abs. 3 bestimmte schwerwiegende Verbrechen und Vergehen (Ziff. 1), Verbrechen und Vergehen, die aus Eigennutz begangen wurden (Ziff. 2) sowie alle Straftaten, bei denen eine Freiheitsstrafe von mehr als 9 Monaten ausgesprochen wurde oder im Falle einer noch bevorstehenden Verurteilung auch nach neuem Recht zu erwarten wäre.

3. Zeitlicher Anwendungsbereich

Der Anfangszeitpunkt wurde in § 1 so festgelegt, daß die politischen Demonstrationen der letzten Jahre vollständig erfaßt werden. Als Endzeitpunkt wurde der 31. 12. 1969 gewählt. Von der Festlegung eines späteren Zeitpunkts wurde bewußt Abstand genommen, um zu verhindern, daß auch diejenigen straffrei ausgehen, die sich zu Ausschreitungen strafbarer Art hinreißen ließen, nachdem die Amnestiepläne in der Öffentlichkeit bereits bekannt waren und sich in den zuständigen Gremien immer mehr verdichtet hatten. Ein Amnestieentwurf darf sich nicht als Freibrief für künftige Straftaten auswirken. Selbstverständlich können die nach dem 31. 12. 1969 begangenen Delikte nur dann verfolgt und abgeurteilt werden, wenn sie auch nach neuem Recht strafbar sind (vgl. § 2 Abs. 2 StGB).

4. Fortsetzung gerichtlicher Verfahren mit dem Ziel des Freispruchs

Wie schon bei früheren Amnestiegesetzen besteht auch nach dem neuen StFG die Möglichkeit, die Fortsetzung des Verfahrens mit dem Ziel des Freispruchs zu verlangen. Diese in § 11 getroffene Regelung enthält unbestreitbar die Gefahr, daß das weitere Verfahren zur Feststellung der (tatsächlichen oder vermeintlichen) Unschuld zu neuen Provokationen und Ausschreitungen mißbraucht und dadurch das durch die Amnestie erstrebte Ziel, die Wiederherstellung des Rechtsfriedens, vereitelt wird. Andererseits läßt sich nicht bestreiten, daß es sachlich wie rechtspolitisch verfehlt wäre, einem Angeklagten den Nachweis seiner Unschuld ausnahmslos abzuschneiden. Das Verfahren zur Feststellung der Unschuld muß daher einerseits für zulässig erklärt, andererseits aber auf solche

Ausnahmefälle beschränkt werden, bei denen ein wirklich berechtigtes Interesse an der Ausräumung des Schuldvorwurfs besteht. Einzelheiten siehe die Anmerkungen zu § 11.

II. Die einzelnen Bestimmungen

§ 1 Anwendungsbereich

Wegen Straftaten nach Vorschriften, die durch das Dritte Gesetz zur Reform des Strafrechts aufgehoben oder ersetzt werden (§ 2 Abs. 1), sowie wegen Straftaten, die in der Zeit vom 1. Januar 1965 bis zum 31. Dezember 1969 durch Demonstrationen oder im Zusammenhang hiermit begangen worden sind (§ 2 Abs. 2), wird nach Maßgabe der folgenden Bestimmungen Straffreiheit gewährt. Die Straffreiheit erfaßt rechtskräftig verhängte Strafen, soweit sie noch nicht vollstreckt sind, sowie zu erwartende Strafen.

Über Sinn und Zweck der zeitlichen Beschränkung der Amnestie auf Straftaten, die vor dem 31. 12. 1969 begangen wurden, siehe Vorbem. 3 vor § 1. Die sachlichen Voraussetzungen, unter denen Straffreiheit gewährt wird, finden sich in § 2, die Auswirkungen der Straffreiheit in den §§ 3, 4.

§ 2 Rahmen der Straffreiheit

(1) Straffreiheit wird für Freiheitsstrafen und Geldstrafen gewährt wegen Straftaten nach den §§ 110, 114 bis 119 und 125 des Strafgesetzbuches sowie nach den §§ 23 und 29 Nr. 4 des Versammlungsgesetzes.

(2) Straffreiheit wird auch gewährt für Freiheitsstrafen und Geldstrafen wegen Straftaten, die durch eine zur Meinungsäußerung oder Meinungsbildung in öffentlichen Angelegenheiten bestimmte Demonstration oder im Zusammenhang hiermit begangen worden sind.

(3) Straffreiheit nach Absatz 2 ist ausgeschlossen,

1. bei Verbrechen und Vergehen
   a) wider das Leben (§§ 211 bis 222 des Strafgesetzbuches),
   b) der schweren Körperverletzung und der Körperverletzung mit Todesfolge (§§ 224 bis 226 des Strafgesetzbuches),
   c) des Friedensverrates, Hochverrates und der Gefährdung des demokratischen Rechtsstaates sowie des Landesverrates und der Gefährdung der äußeren Sicherheit (§§ 80 bis 100a des Strafgesetzbuches),
   d) der Volksverhetzung (§ 130 des Strafgesetzbuches) sowie
   e) bei gemeingefährlichen Verbrechen und Vergehen nach den §§ 306 bis 315a, 315c bis 316a, 321 und 324 des Strafgesetzbuches;

2. bei Verbrechen und Vergehen, die aus Eigennutz begangen worden sind;

3. bei Verbrechen und Vergehen, wenn eine Freiheitsstrafe, einschließlich einer etwaigen Ersatzfreiheitsstrafe, neun Monate übersteigt.

1. Der Katalog des Abs. 1 enthält die sog. **Rechtskorrekturfälle.** Er erfaßt zunächst alle Vorschriften, die durch das 3. StrRG ersatzlos aufgehoben worden sind (§§ 110, 114—119 StGB, §§ 23, 29 Nr. 4 VersG). Soweit die bisherigen Strafbestimmungen in ihrem Anwendungsbereich lediglich entschärft worden sind (§§ 113, 125 sowie § 116 StGB, der zu einer Ordnungswidrigkeit umgewandelt wurde), hat man einer differenzierenden Betrachtungsweise den Vorzug gegeben. Während Verstöße gegen die §§ 116, 125 StGB als typische Demonstrationsdelikte von der Amnestie ausnahmslos erfaßt werden, ist dies bei § 113 StGB nicht der Fall. § 113 StGB durfte schon deshalb nicht in den Katalog des Abs. 1 aufgenommen werden, weil in der täglichen

Polizei- und Gerichtspraxis die meisten Widerstandsdelikte nicht im Zusammenhang mit Demonstrationen begangen worden sind. Bestand jedoch — ausnahmsweise — ein solcher Zusammenhang, so kann Straffreiheit nach § 2 Abs. 2 gewährt werden. Die Vorschriften des StFG versagen lediglich in den Fällen, in denen ein schuldlos über die Rechtmäßigkeit der Amtsausübung irrender Täter bereits rechtskräftig verurteilt wurde, ohne daß es sich um eine Tat handelte, die im Zusammenhang mit einer politischen Meinungsäußerung stand, von § 2 Abs. 2 also nicht erfaßt wird. In diesem Fall könnte die bereits ausgesprochene, aber noch nicht verbüßte Strafe nur im Gnadenweg erlassen werden.

Soweit eine unter den Katalog des Abs. 1 fallende Handlung gleichzeitig einen anderen Straftatbestand verwirklicht, wird dieser — sofern ausnahmsweise nicht die Voraussetzungen des § 2 Abs. 2 vorliegen —, von der Amnestie nicht erfaßt (vgl. § 5). Hierbei macht es keinen Unterschied, ob der andere, nicht amnestiefähige Tatbestand zu dem im Katalog des Abs. 1 aufgeführten Tatbestand in Idealkonkurrenz oder in Realkonkurrenz steht. Auf die Ausführungen zu § 5 wird insoweit ergänzend verwiesen.

2. Die Vorschrift des Abs. 2 bringt eine sehr wesentliche Erweiterung der Amnestie auf sog. **Zusammenhangstaten,** d.h. auf Ausschreitungen strafbarer Art, die vom Katalog des Abs. 1 nicht erfaßt werden, aber gleichwohl einen politischen Hintergrund haben. Nicht amnestiefähig sind lediglich bestimmte, in Abs. 3 ausdrücklich ausgenommene Straftaten schwererer Art. Zu Abs. 2 im einzelnen:

a) Der Begriff „Demonstration zur Meinungsäußerung oder Meinungsbildung in öffentlichen Angelegenheiten" darf nicht zu eng gefaßt werden. Er umfaßt alle Angelegenheiten des politischen Interesses und der politischen Meinungsbildung. Hierher gehören alle öffentlichen Angelegenheiten in Bund, Ländern und Gemeinden sowie Angelegenheiten der Gesellschaft, aber auch Probleme von allgemeiner Bedeutung außerhalb der Grenzen der BRD (vgl. Begründung zu Abs. 2). Es macht also keinen Unterschied, ob sich die Demonstration gegen die Notstandsgesetze des Bundes, gegen die Hochschulpolitik eines bestimmten Bundeslandes, gegen die Tariferhöhung eines kommunalen Verkehrsbetriebs, gegen die Vietnampolitik der USA, gegen den Bürgerkrieg in Biafra oder gegen die Eskalation des Kriegs im Nahen Osten gerichtet hat. Zu den typischen Delikten in diesem Zusammenhang gehören insbesondere Sachbeschädigung (§ 303 StGB), aber auch Nötigung (§ 240 StGB) durch Sitzstreiks aller Art, ferner Körperverletzung (§§ 223, 223a StGB, nicht jedoch § 224 StGB, vgl. Abs. 3) und Widerstand gegen die Staatsgewalt (§ 113 StGB). Auch die unter § 133 StGB fallende Entfernung von Akten aus öffentlichem Gewahrsam zur Aufdeckung — tatsächlicher oder vermeintlicher — Mißstände in der Verwaltung kann unter Abs. 2 fallen.

b) Der Begriff „im Zusammenhang mit einer Demonstration" ist ebenfalls weit auszulegen. Amnestiert werden nicht nur die Demonstranten, sondern auch diejenigen, die sich aufgrund abweichender politischer Überzeugung oder aus anderen Gründen in strafbarer Weise gegen Demonstranten vergangen haben, z.B. gegen Demonstranten aus Verärgerung über die mit der Demonstration verbundene Verkehrsbehinderung tätlich geworden sind. Unter die Amnestie fallen vor allem aber auch Polizeibeamte, die im Rahmen ihres beruflichen Einsatzes bei Demonstrationen in den — begründeten oder unbegründeten — Verdacht eines Amtsdelikts (z.B. §§ 341, 342, 346 StGB) geraten sind.

c) „Demonstration" ist nicht nur die typische Massendemonstration, sondern auch die demonstrative politische Meinungsäußerung und Aktion eines Einzelnen oder einer kleinen Gruppe. Hierher gehören vor allem Beleidigungen und Verleumdungen durch Flugblätter, in denen tatsächliche oder vermeintliche Mißstände von öffentlichem Interesse angegriffen werden.

3. Der **Katalog des Abs. 3 Nr. 1** enthält bestimmte Verbrechen und Vergehen, die keinesfalls amnestiewürdig sind.

a) Nicht in diesen Katalog aufgenommen wurde die gefährliche Körperverletzung des § 223a StGB, die jedoch in schweren Fällen unter die Sperrklausel des Abs. 3 Nr. 3 fallen kann.

b) Aus Eigennutz handelt (Abs. 3 Nr. 2), wer die Tat seines Vorteils wegen begangen hat. Ein Vermögensvorteil ist dabei nicht erforderlich. Es genügen auch Vorteile anderer Art.

c) Ob die zu erwartende Strafe 9 Monate überschreitet, muß nach den Umständen des Einzelfalls beurteilt werden, wobei aufgehobene Strafvorschriften nicht mehr berücksichtigt werden dürfen und abgeänderte Tatbestände in der abgeänderten Form anzuwenden sind. Liegt aufgrund bisheriger Rechtslage bereits ein Urteil über eine längere Freiheitsstrafe vor, das aber infolge eines Rechtsmittels noch nicht rechtskräftig ist, so ist zu prüfen, ob auch nach neuem Recht auf eine Freiheitsstrafe von mehr als 9 Monaten erkannt werden müßte (wichtig vor allem für Verurteilungen wegen Aufruhrs und Landfriedensbruchs).

§ 3 Auswirkungen der Straffreiheit

Strafen, die beim Inkrafttreten dieses Gesetzes rechtskräftig verhängt sind, werden erlassen, soweit sie noch nicht vollstreckt sind. Anhängige Verfahren werden eingestellt, neue nicht eingeleitet.

Die Vorschrift entspricht der Regelung früherer Straffreiheitsgesetze (vgl. § 2 Abs. 1, 2 StFG 1954, § 3 Abs. 1 StFG 1968). Freiheitsstrafen, die bereits verbüßt sind, und Geldstrafen, die bereits bezahlt sind, bleiben von der Amnestie unberührt.

Wegen der Zuständigkeit, die das Verfahren abschließende Entscheidung zu treffen, siehe die §§ 7, 8.

§ 4 Weitere Erstreckung der Straffreiheit

(1) Die Straffreiheit erstreckt sich auf Nebenstrafen, soweit sie noch nicht vollstreckt sind, auf Untersagung der Berufsausübung, gesetzliche Nebenfolgen sowie auf rückständige Bußen und Kosten, auch wenn die Strafe bei Inkrafttreten dieses Gesetzes bereits vollstreckt war. Sie erstreckt sich auch auf die Schuldfeststellung unter Aussetzung der Entscheidung über die Verhängung einer Jugendstrafe sowie auf Erziehungsmaßregeln und Zuchtmittel nach dem Jugendgerichtsgesetz.

(2) Die Straffreiheit erstreckt sich nicht auf andere Maßregeln der Sicherung und Besserung sowie auf Einziehung und Unbrauchbarmachung. Sie können im selbständigen Verfahren angeordnet werden. Sind Maßregeln der Sicherung und Besserung zu verhängen, so gilt § 429b Abs. 1 und 2 der Strafprozeßordnung sinngemäß; in den anderen Fällen richtet sich das Verfahren nach den Vorschriften des Vierten Abschnitts des Sechsten Buches der Strafprozeßordnung.

(3) Wegen der in Absatz 2 Satz 1 bezeichneten Maßnahmen kann das Verfahren weitergeführt werden; das Gericht kann durch Beschluß entscheiden, wenn dies in einem selbständigen Verfahren zulässig wäre.

1. In weitgehender sachlicher Übereinstimmung mit § 4 StFG 1968 erstreckt sich die Amnestie auch auf **Nebenstrafen** (z.B. ein Fahrverbot nach § 37 StGB), auf rückständige **Geldbußen** (z.B. aufgrund eines Bewährungsbeschlusses gemäß § 24 StGB oder aufgrund eines Gnadenerweises), auf rückständige **Verfahrenskosten** sowie auf die nach dem JGG ausgesprochenen Erziehungsmaßregeln und Zuchtmittel.

2. **Maßregeln der Sicherung und Besserung** bleiben — abgesehen von der in Abs. 1 ausdrücklich erwähnten Untersagung der Berufsausübung (§ 42 l) — von der Amnestie unberührt. In Betracht kommen hierbei vor allem Unterbringungen nach §§ 42b, 42c und § 42e StGB. Sind diese Maßregeln schon rechtskräftig angeordnet, so ergeben sich keine Besonderheiten. Ist das Verfahren bei Gericht noch nicht anhängig gewesen, so ist es entsprechend den Vorschriften über das Sicherungsverfahren als selbständiges Verfahren durchzuführen (vgl. Abs. 2 i. V. mit § 429b Abs. 1, 2 StPO). War das Verfahren schon bei Gericht als Strafverfahren anhängig, so kann es als selbständiges Verfahren fortgeführt werden (Abs. 3).

3. Unberührt von der Amnestie bleiben weiter **Einziehung** und **Unbrauchbarmachung** (Abs. 2 Satz 1), und zwar ohne Rücksicht darauf, ob diese Nebenfolgen sich im Einzelfall als Nebenstrafe (bei tätereigenen Gegenständen) oder als reine Sicherungsmaßregel (bei täterfremden Gegenständen) auswirken. Das hierbei zu beachtende Verfahren ergibt sich aus Abs. 2 Satz 2 bzw. aus Abs. 3 i. V. mit §§ 430ff. StPO.

§ 5 Zusammentreffen mehrerer Gesetzesverletzungen

(1) Sind durch eine und dieselbe Handlung Gesetzesverletzungen, für die Straffreiheit gewährt wird, und andere Gesetzesverletzungen begangen, so erstreckt sich auf die anderen die Straffreiheit nicht.

(2) Ist eine rechtskräftig verhängte Strafe dem Gesetz entnommen, für dessen Verletzung Straffreiheit gewährt wird, so wird die auf die anderen Gesetzesverletzungen entfallende Strafe festgesetzt. Ist die Strafe dem anderen Gesetz entnommen, so wird sie angemessen ermäßigt, wenn anzunehmen ist, daß das Gericht wegen der Gesetzesverletzungen, für die Straffreiheit gewährt wird, auf eine höhere Strafe erkannt hat.

1. Wie schon in Anm. 1 zu § 2 dargelegt, sind ohne weitere Prüfung nur solche Taten amnestiefähig, die unter den Katalog des § 2 Abs. 1 fallen. Werden durch die gleiche Handlung **weitere Tatbestände** verwirklicht, so sind diese nur unter den Voraussetzungen des § 2 Abs. 2 amnestiefähig, wobei dann in jedem Einzelfall zu prüfen ist, ob der Amnestie nicht ein in § 2 Abs. 3 aufgeführtes Hindernis entgegensteht. Beispiel: Der Demonstrant X hat ihm Rahmen eines Landfriedensbruchs (§ 125), der gleichzeitig auch die Merkmale des Aufruhrs enthält (§ 115), den bereits vorläufig festgenommenen Y befreit und dabei einen Polizeibeamten tätlich angegriffen, verletzt und beleidigt. In diesem Fall werden zunächst, d.h. ohne weitere Prüfung, nur Landfriedensbruch und Aufruhr von der Amnestie erfaßt (vgl. § 2 Abs. 1). Die Verstöße gegen die §§ 113, 120, 185, 223 StGB fallen nach Sachlage unter den Anwendungsbereich des § 2 Abs. 2, sind aber nur dann amnestiefähig, wenn kein Ausnahmefall i. S. von § 2 Abs. 3 Nr. 2 oder Nr. 3 vorliegt.

2. Abs. 2 regelt den Fall, daß beim Zusammentreffen von amnestiefähigen und nicht amnestiefähigen Delikten eine **Strafe bereits rechtskräftig festgesetzt** worden ist. In diesem Fall muß die Strafe neu festgesetzt werden. Zuständig hierfür ist das Gericht (§ 8 Abs. 2), das seine Entscheidung nach Anhörung der Beteiligten im schriftlichen Verfahren trifft (vgl. § 8 Abs. 3).

3. Beispiel für § 5 Abs. 2 Satz 1: Der Demonstrant A wurde wegen schweren Landfriedensbruchs (§ 125 Abs. 2 StGB) in Tateinheit mit Diebstahl unter Zubilligung mildernder Umstände zu einer Gefängnisstrafe von 10 Monaten verurteilt, wobei die Strafe nach § 73 StGB dem § 125 Abs. 2 StGB als dem schwereren Gesetz entnommen wurde. Da der Diebstahl im Hinblick auf § 2 Abs. 3 Nr. 2 nicht amnestiefähig ist, muß für ihn die Strafe neu festgesetzt werden.

4. Beispiel für § 5 Abs. 2 Satz 2: A wurde wegen schwerer Brandstiftung (§ 306 StGB) in Tateinheit mit schwerem Landfriedensbruch (§ 125 Abs. 2 StGB) zu einer Zuchthausstrafe von 2 Jahren verurteilt, wobei die Strafe dem § 306 StGB zu ent-

nehmen war. In diesem Fall kommt eine Herabsetzung der Strafe nur dann in Betracht, wenn das Gericht die Überzeugung gewinnt, daß der Landfriedensbruch sich bei der Strafzumessung erschwerend ausgewirkt hat. Im Regelfall wird dies nicht auszuschließen sein.

5. Verstößt eine unter § 2 Abs. 1 fallende Straftat (z.B. § 125 StGB) gegen eine Vorschrift, die nur nach § 2 Abs. 2 amnestiefähig ist (z.B. § 240 StGB) und wurde rechtskräftig auf eine Freiheitsstrafe von mehr als 9 Monaten erkannt, so tritt Straffreiheit dann ein, wenn anzunehmen ist, daß ohne die unter § 2 Abs. 1 fallende Strafvorschrift auf eine Freiheitsstrafe von nicht mehr als 9 Monaten erkannt worden wäre.

§ 6 Zusammentreffen mehrerer Straftaten

(1) Hat der Täter mehrere selbständige Handlungen begangen, die einzeln unter dieses Gesetz fallen, so kommt es für die Straffreiheit auf die Höhe der erkannten oder zu erwartenden Einzelstrafe an.

(2) Enthält eine Gesamtstrafe Einzelstrafen wegen Straftaten, für die Straffreiheit gewährt wird, und andere Einzelstrafen, so ist die Strafe neu festzusetzen. In den Fällen des § 31 Abs. 1 und 2 des Jugendgerichtsgesetzes gilt dies sinngemäß.

1. Während § 5 sich mit Fällen der Handlungseinheit befaßt, bringt § 6 eine entsprechende Regelung für Fälle der **Handlungsmehrheit.**

2. Beispiel zu **Abs. 1:** A wurde rechtskräftig wegen Teilnahme an einem Auflauf (§ 116 StGB) sowie wegen einer rechtlich selbständigen, unter § 2 Abs. 2 fallenden gemeinschaftlichen Nötigung (§§ 240, 47) zu einer Gesamtgefängnisstrafe von 10 Monaten, gebildet aus Einzelstrafen von je 6 Monaten, verurteilt. In diesem Fall tritt nach § 6 Abs. 1 Straffreiheit ein, weil die Einzelstrafen 9 Monate nicht überschreiten.

3. Beispiel zu **Abs. 2:** A wurde wegen eines Diebstahls, eines Betrugs und eines Landfriedensbruchs rechtskräftig zu einer Gesamtgefängnisstrafe von 1 Jahr verurteilt. In diesem Fall ist aus den bisherigen Einzelstrafen für den Diebstahl und den Betrug eine neue Gesamtstrafe festzusetzen.

§ 7 Einstellung des Verfahrens

(1) Über die Einstellung entscheidet die Staatsanwaltschaft, solange das Verfahren nicht gerichtlich anhängig ist. Auf Antrag eines Beteiligten entscheidet das Gericht, das für das Hauptverfahren zuständig wäre; gegen den Beschluß ist sofortige Beschwerde zulässig.

(2) Wird ein gerichtlich anhängiges Strafverfahren vor der Eröffnung des Hauptverfahrens auf Grund dieses Gesetzes durch Beschluß eingestellt, so steht der Staatsanwaltschaft die sofortige Beschwerde zu. Der Beschluß, der die Anwendbarkeit dieses Gesetzes verneint, ist nicht anfechtbar.

(3) Ist ein Strafverfahren durch einen nicht mehr anfechtbaren Gerichtsbeschluß auf Grund dieses Gesetzes eingestellt worden, so kann wegen der Tat nur auf Grund neuer Tatsachen oder Beweismittel Anklage erhoben werden.

1. Im **Ermittlungsverfahren** entscheidet **grundsätzlich** die **Staatsanwaltschaft,** ob das Verfahren einzustellen ist (Abs. 1 Satz 1). Dies gilt auch für Anzeigen, die erst nach Inkrafttreten des Gesetzes bei der Polizei eingehen. Die Polizei darf solche Anzeigen nicht mit der Begründung zurückweisen, die angezeigte Tat falle unter den Anwendungsbereich des StFG. Die Anzeigen sind vielmehr unverzüglich zur weiteren Entscheidung der StA vorzulegen.

a) **Verneint** die StA die Anwendbarkeit des StFG, so führt sie das Verfahren nach allgemeinen Grundsätzen fort. In Zweifelsfällen empfiehlt es sich, die Nichtanwendbarkeit in einem Aktenvermerk festzuhalten. Erhebt der Beschuldigte gegen die Fortführung der Ermittlungen Einwendungen, so kann die StA ihren bisherigen Standpunkt jederzeit ändern und das Verfahren einstellen. Sie kann den Beschuldigten auch auf die Möglichkeit hinweisen, nach Abs. 1 Satz 2 eine gerichtliche Entscheidung herbeizuführen, oder selbst einen Antrag nach Abs. 1 Satz 2 stellen.

b) **Bejaht** die StA die Anwendbarkeit des StFG, so stellt sie das Verfahren durch eine förmliche Verfügung ein. Diese Verfügung ist sowohl dem Beschuldigten als auch dem Anzeiger formlos mitzuteilen. Ist der Anzeiger zugleich der Verletzte, so hat er nach § 172 StPO die Möglichkeit, seine Rechte im Klageerzwingungsverfahren durchzusetzen, falls er der Ansicht ist, daß das Verfahren zu Unrecht eingestellt wurde (vgl. Brandstetter, Rn. 10 zu § 16 StFG 1954, Müller-Sax, 6. Aufl., Anm. 6c zu § 172 StPO). Ein Klageerzwingungsverfahren ist in diesem Fall nur dann ausgeschlossen, wenn der Verletzte sich dem Verfahren als Nebenkläger anschließen und in dieser Eigenschaft nach § 7 Abs. 1 S. 2 selbst Antrag auf gerichtliche Entscheidung stellen kann. Daneben haben alle Beteiligten die Möglichkeit der Dienstaufsichtsbeschwerde an den Generalstaatsanwalt und das Justizministerium.

c) Eine **gerichtliche Entscheidung** kommt nur ausnahmsweise in Betracht, nämlich wenn ein Beteiligter dies beantragt. „Beteiligte" sind die Staatsanwaltschaft, der Beschuldigte (auch sein gesetzlicher Vertreter und sein Verteidiger), der Privatkläger im Privatklageverfahren, der Nebenkläger, jedoch nicht der Verletzte schlechthin (es sei denn, daß die Voraussetzungen der §§ 172, 395 Abs. 2 StPO vorliegen, vgl. Brandstetter, Kommentar zum StFG 1954, Rn. 11a zu § 16). Die StA wird einen Antrag auf gerichtliche Entscheidung im Regelfall nur dann stellen, wenn sie Zweifel hat, ob das StFG anwendbar ist. Der Beschuldigte wird das Gericht vor allem dann anrufen, wenn die StA nicht gewillt ist, das Verfahren einzustellen oder wenn er an einer rechtskraftfähigen Entscheidung interessiert ist (vgl. Abs. 3).

2. Im sog. **Zwischenverfahren,** d.h. nach Anklageerhebung, aber vor Eröffnung des Hauptverfahrens, entscheidet das Gericht (Abs. 2 Satz 1). Die Entscheidung ergeht durch Beschluß, der nur seitens der Staatsanwaltschaft und nur dann anfechtbar ist, wenn das Verfahren aufgrund des StFG eingestellt wird.

3. Nach **Eröffnung des Hauptverfahrens,** aber noch vor Beginn der Hauptverhandlung entscheidet das Gericht durch Beschluß nach § 206a StPO; kommt es erst aufgrund der Hauptverhandlung zur Einstellung, so erfolgt die Entscheidung durch Urteil gemäß § 260 Abs. 3 StPO. Beide Fälle sind im StFG nicht ausdrücklich geregelt; ihre Lösung ergibt sich aber aus allgemeinen Verfahrensgrundsätzen.

4. Rechtskraft der Entscheidungen

a) **Einstellungsverfügungen der StA** im Ermittlungsverfahren sind nicht der Rechtskraft fähig. Die StA kann — gegebenenfalls auch ohne neue Tatsachen und Beweismittel, z.B. lediglich aufgrund einer Änderung der rechtlichen Beurteilung — ihre Ermittlungen jederzeit wieder aufnehmen, wenn sie entgegen ihrer früheren Ansicht bei einer erneuten Prüfung der Sach- und Rechtslage die Anwendbarkeit des StFG verneint. Umgekehrt ist die StA nicht gehindert, entgegen ihrer ursprünglichen Ansicht eine bereits erhobene Klage zurückzunehmen (§ 156 StPO) oder — im Strafbefehlsverfahren — die Klage fallen zu lassen (§ 411 StPO) und das Verfahren aufgrund des StFG einzustellen. Wegen der hiergegen zulässigen Rechtsbehelfe s.o. Anm. 1b.

b) **Gerichtliche Beschlüsse,** die nach § 7 Abs. 1 S. 2 im Ermittlungsverfahren auf Antrag eines Beteiligten ergehen (siehe hierzu oben Anm. 1c), sind von allen Beteiligten mit der sofortigen Beschwerde anfechtbar und damit zugleich auch der formellen Rechtskraft fähig. Dies gilt ohne Rücksicht darauf, ob das Gericht das

StFG für anwendbar erklärt oder nicht. Bei Beschlüssen, durch die das Verfahren aufgrund des StFG eingestellt wird, tritt nach § 7 Abs. 3 zugleich auch eine **beschränkte materielle Rechtskraft** ein, d.h. bei gleichbleibender Sachlage kann die von der Einstellung betroffene Tat nicht mehr weiter verfolgt werden. Die Fortführung des eingestellten Verfahrens ist ebenso unzulässig wie die Einleitung eines neuen Verfahrens. Ausgenommen sind nur die Fälle, in denen sich nach Eintritt der Rechtskraft neue Tatsachen oder Beweismittel ergeben, die zu einer anderen Beurteilung des Sachverhalts führen und die Anwendbarkeit des StFG ausschließen. Diese bereits aus früheren Straffreiheitsgesetzen bekannte Regelung (vgl. § 16 Abs. 3 StFG 1954, § 7 Abs. 4 StFG 1968) findet sich im allgemeinen Verfahrensrecht vor allem in den §§ 174 Abs. 2, 211 StPO. Ihre Berechtigung ergibt sich aus der Erwägung, daß der Beschuldigte einerseits ein berechtigtes Interesse daran hat, in Zukunft wegen der gleichen Tat nicht erneut verfolgt zu werden (Grundsatz der Rechtssicherheit), andererseits aber die tatsächlichen Voraussetzungen der Amnestierung im Beschlußverfahren nur pauschal nach Aktenlage festgestellt werden können.

Nur neue Tatsachen und Beweismittel können zu einer Fortführung des eingestellten Verfahrens führen, nicht dagegen eine andere rechtliche Beurteilung. Neu sind alle Tatsachen und Beweismittel, die dem Gericht im Zeitpunkt der Entscheidung nicht bekannt waren oder nicht zur Verfügung standen.

c) Für gerichtliche Einstellungsbeschlüsse im **Zwischenverfahren** und im Hauptverfahren vor Beginn der Hauptverhandlung (vgl. § 206a StPO) gelten die vorstehenden Ausführungen entsprechend.

d) Wird das Verfahren aufgrund dieses Gesetzes in der **Hauptverhandlung** nach § 260 Abs. 3 StPO durch Urteil eingestellt, so ist dieses Urteil der vollen materiellen Rechtskraft fähig (vgl. Brandstetter, Rn. 78 zu § 16 StFG 1954). Ein neues Verfahren ist auch dann nicht zulässig, wenn sich neue Tatsachen oder Beweismittel ergeben, die die Anwendbarkeit dieses Gesetzes in Frage stellen würden. Zu einer Ausnahmeregelung nach Art des § 7 Abs. 3 bestand kein Anlaß, da das Gericht in der Hauptverhandlung die Möglichkeit hat, seiner Pflicht, den Sachverhalt erschöpfend aufzuklären, umfassend nachzukommen.

§ 8 Entscheidung bei rechtskräftigen Strafen

(1) Bei rechtskräftig verhängten Strafen entscheidet bei Zweifeln über den Eintritt und den Umfang der Straffreiheit auf Antrag eines Beteiligten das Gericht.

(2) Das Gericht entscheidet auf Antrag auch über Festsetzung und Ermäßigung der Strafe nach den §§ 5 und 6.

(3) Für das Verfahren gelten die §§ 458, 462 und 462a der Strafprozeßordnung sinngemäß.

1. Liegt die Vollstreckung bei der Staatsanwaltschaft, so entscheidet das Gericht nur „bei Zweifeln über den Eintritt und den Umfang der Straffreiheit" (vgl. Abs. 1).

2. In den Fällen der §§ 5, 6 obliegt die Entscheidung über eine etwaige Neufestsetzung der Strafe ausnahmslos dem Gericht (Abs. 2).

3. Sowohl unter den Voraussetzungen des Abs. 1 als auch unter den Voraussetzungen des Abs. 2 richtet sich das Verfahren nach den §§ 458, 462 StPO (Rechtsmittel: sofortige Beschwerde).

§ 9 Kosten und notwendige Auslagen

(1) Wird das Verfahren nach diesem Gesetz eingestellt, so sind die §§ 467 und 467a der Strafprozeßordnung mit der Maßgabe anzuwenden, daß die not-

wendigen Auslagen, die den dort bezeichneten Beteiligten erwachsen sind, auch angemessen verteilt oder nach pflichtgemäßem Ermessen einem der Beteiligten auferlegt werden können.

(2) War das nach diesem Gesetz eingestellte Verfahren auf Privatklage eingeleitet, so werden die Kosten des Verfahrens niedergeschlagen. Die dem Privatkläger und dem Beschuldigten erwachsenen notwendigen Auslagen kann das Gericht angemessen verteilen oder nach pflichtgemäßem Ermessen einem der Beteiligten auferlegen; sie können der Staatskasse auferlegt werden, soweit es unbillig wäre, die Beteiligten damit zu belasten.

(3) Für die Nebenklage gilt Absatz 2 Satz 2 entsprechend. Jedoch dürfen die dem Angeschuldigten erwachsenen notwendigen Auslagen dem Nebenkläger nur insoweit auferlegt werden, als sie durch ein von diesem allein eingelegtes Rechtsmittel entstanden sind.

(4) Gegen die Entscheidungen nach den Absätzen 1, 2 Satz 2 und Absatz 3 ist sofortige Beschwerde zulässig.

1. Der in Abs. 1 enthaltene Hinweis auf die §§ 467, 467a StPO stellt zunächst klar, daß eine **Auslagenerstattung** nur gegenüber einem Angeschuldigten i.S. von § 157 StPO oder gegenüber einem Beschuldigten in Betracht kommt, dem der Abschluß der Ermittlungen bereits offiziell mitgeteilt worden ist (vgl. §§ 169, 467a Abs. 2 StPO). Liegen diese Voraussetzungen vor, so steht es im pflichtgemäßen Ermessen des Gerichts, ob und in welchem Umfang es die Staatskasse mit den notwendigen Auslagen des Beschuldigten (Angeschuldigten) belasten will. Maßgeblich für diese Ermessensentscheidung ist vor allem die Beweislage. Besteht nach dem bisherigen Verlauf des Verfahrens kein vernünftiger Zweifel daran, daß der Beschuldigte (Angeschuldigte) ohne die Gewährung von Straffreiheit verurteilt worden wäre, so kommt eine Auslagenerstattung keinesfalls in Betracht (auch nicht teilweise, vgl. Begründung des SPD/FDP-Antrags, S. 6 der BT-Drucksache VI/392 sowie Begründung des gleichlautenden Regierungsentwurfs, S. 6 der BT-Drucksache VI/486).

2. Die Kosten- und Auslagenentscheidung in **Privatklageverfahren** ist in Abs. 2 geregelt, wobei Satz 2 in seinem ersten Halbsatz eine dem § 471 Abs. 3 StPO entsprechende Möglichkeit bietet, die notwendigen Auslagen der Beteiligten unter diesen angemessen zu verteilen; aber auch die Staatskasse kann damit belastet werden (Satz 2 letzter Halbsatz). Die Gerichtskosten werden immer niedergeschlagen (Satz 1).

3. Abs. 3 befaßt sich mit den Kosten und Auslagen bei einer **Nebenklage,** wobei der Nebenkläger nur ausnahmsweise mit den notwendigen Auslagen des Angeschuldigten belastet werden darf.

4. **Rechtsmittel:** sofortige Beschwerde, und zwar ohne Rücksicht darauf, ob die Auslagenentscheidung durch Beschluß oder (ausnahmsweise) durch Urteil erfolgt ist.

§ 10 Ordnungswidrigkeiten

Die §§ 1 und 2 Abs. 2 sowie die §§ 3 bis 5, 8, 9 Abs. 1 und 4 gelten bei Ordnungswidrigkeiten sinngemäß.

1. In Betracht kommen in erster Linie Verkehrsordnungswidrigkeiten, die im Zusammenhang mit Demonstrationen begangen worden sind, ferner Verstöße gegen die Landespressegesetze, soweit es sich um Ordnungswidrigkeiten handelt.

2. Für die Entscheidung, ob Geldbußen erlassen oder Verfahren niedergeschlagen werden, ist die Stelle *zuständig*, die nach dem jeweiligen Stand des Verfahrens dessen Herr ist.

3. Die Einlegung von Rechtsmitteln richtet sich nach allgemeinen Verfahrensgrundsätzen. Gegen gerichtliche Entscheidungen ist demnach gemäß § 79 OWiG die Rechtsbeschwerde an das Oberlandesgericht zulässig.

§ 11 Antrag auf Freispruch

(1) Auf Antrag des Beschuldigten, der seine Unschuld geltend macht, wird ein gerichtlich anhängiges Strafverfahren, das auf Grund dieses Gesetzes außerhalb der Hauptverhandlung eingestellt wird, fortgesetzt, wenn die Fortsetzung geboten erscheint, weil wegen besonderer Nachteile, die mit dem erhobenen Vorwurf verbunden sind, der Beschuldigte ein überwiegendes Interesse hat, von diesem Vorwurf freigesprochen zu werden. Zieht das Gericht in der Hauptverhandlung die Einstellung des Verfahrens in Erwägung, so ist dem Angeklagten Gelegenheit zur Stellung des Antrags zu geben. Das Gericht kann die Hauptverhandlung aussetzen.

(2) Der Antrag kann nur binnen zweier Wochen nach der Bekanntgabe des Einstellungsbeschlusses, in der Hauptverhandlung nur bis zur Beendigung der Schlußvorträge, gestellt werden. Für die Antragsbefugnis und die Zurücknahme des Antrages gelten die §§ 297 bis 299, 302 und 303 der Strafprozeßordnung entsprechend. Gegen den Beschluß, der den Antrag ablehnt, ist sofortige Beschwerde zulässig.

(3) Wird der Antrag rechtzeitig gestellt, so ist das Verfahren nach den allgemeinen Verfahrensvorschriften fortzusetzen. Wäre der Angeklagte ohne dieses Gesetz freizusprechen, so wird er freigesprochen.

(4) Wird das fortgesetzte Verfahren auf Grund dieses Gesetzes eingestellt, so hat der Angeklagte die notwendigen Auslagen der Beteiligten und die durch die Fortsetzung des Verfahrens entstandenen Kosten wie ein Verurteilter zu tragen.

1. Über Sinn und Zweck dieser Vorschrift und die mit ihr verbundenen Gefahren siehe Vorbemerkung 4 vor § 1. Die Vorschrift war bis zuletzt äußerst bestritten (vgl. Stellungnahme des Bundesrats vom 6. 3. 1970, Anl. 2 der BT-Drucksache VI/486). Auf jeden Fall handelt es sich um eine echte **Ausnahmevorschrift,** die auf solche Fälle zu beschränken ist, bei denen ein wirklich berechtigtes Interesse des Beschuldigten an der Ausräumung des gegen ihn erhobenen Schuldvorwurfs besteht. Sie darf nicht zu neuen Provokationen mißbraucht werden (vgl. Begründung des Sonderausschusses, S. 4 der BT-Drucksache VI/526).

2. Die Vorschrift erstreckt sich nur auf solche Verfahren, die bei Inkrafttreten des StFG **bereits bei Gericht anhängig** waren. Gerichtlich anhängig ist ein Verfahren, sobald die Anklage bei Gericht eingegangen ist.

a) Zweifelsfragen können entstehen, wenn das Verfahren bei Gericht bereits anhängig war, im Zeitpunkt der Antragstellung aber nicht mehr anhängig ist, z.B. weil die Staatsanwaltschaft die Anklage vor Eröffnung des Hauptverfahrens zurückgenommen (§ 156 StPO) oder — im Strafbefehlsverfahren — die Klage nach Einlegung des Einspruchs fallen gelassen hat (§ 411 StPO). In diesen Fällen ist eine differenzierende Betrachtungsweise geboten. Wurde die Anklage vor Inkrafttreten des StFG zurückgenommen, so ist für einen Antrag nach § 11 kein Raum. Die Vorschrift will nur solchen Beschuldigten die Möglichkeit voller Rehabilitierung geben, die bei Inkrafttreten des Gesetzes mit dem Makel behaftet waren, daß bei Gericht eine Strafsache gegen sie anhängig war, von deren Fortführung sie „nur" durch Gewährung von Straffreiheit verschont wurden. Der Antrag nach § 11 muß jedoch zulässig sein, wenn die StA die Anklage nach Inkrafttreten des Gesetzes offensichtlich nur deshalb zurückgenommen hat, um dem Angeschuldigten die Möglichkeit einer Rehabilitierung zu nehmen (vgl. Brandstetter, Rn. 5 zu § 17 StFG 1954).

In diesem Fall muß der Beschuldigte die Möglichkeit haben, die Fortführung des Verfahrens zu erreichen. Zu einer Hauptverhandlung wird es in solchen Fällen allerdings nur ausnahmsweise kommen. Der Beschuldigte muß nämlich „seine Unschuld geltend machen", d.h. eine Sachdarstellung geben, die — als richtig unterstellt — zum Freispruch führen müßte. Unerheblich ist dabei, ob der Freispruch aus tatsächlichen oder rechtlichen Erwägungen erfolgen müßte. Trägt der Beschuldigte solche Umstände vor, so wird das Gericht nach § 202 StPO vor der Eröffnung des Hauptverfahrens durch Vornahme weiterer Ermittlungen zu prüfen haben, ob die vorgetragenen Umstände tatsächlich einen hinreichenden Tatverdacht, wie ihn § 203 StPO voraussetzt, in Frage stellen. Ist dies der Fall, so wird das Gericht gemäß § 204 Abs. 1 StPO die Eröffnung des Hauptverfahrens ablehnen. Bestätigen die nach § 202 StPO durchgeführten Ermittlungen den von der StA angenommenen Tatverdacht oder ist das Vorbringen des Beschuldigten nach Ansicht des Gerichts gar nicht geeignet, die Vorwürfe zu entkräften, so ist das Hauptverfahren — sofern alle übrigen Voraussetzungen des § 11 vorliegen — zu eröffnen. Der Beschuldigte wird dann allerdings seinerseits zu prüfen haben, ob er an seinem Antrag auf weitere Fortführung des Verfahrens festhält.

b) Eine ähnliche Differenzierung ist im Strafbefehlsverfahren nach Einlegung des Einspruchs vorzunehmen, sofern eine Hauptverhandlung noch nicht stattgefunden hat. Ergeben etwaige Nachermittlungen, daß ein hinreichender Tatverdacht nicht vorliegt, so muß die StA nach allgemeinen Grundsätzen die Möglichkeit haben, die Klage fallen zu lassen und das Verfahren nach § 170 Abs. 2 StPO einzustellen. Der Beschuldigte wird durch eine solche Entscheidung in seinen Rechten nicht beeinträchtigt, da von einem „Makel" nicht gesprochen werden kann. Die Kosten des Verfahrens und Auslagen des Beschuldigten trägt in diesem Fall die Staatskasse, so daß der Beschuldigte auch insoweit nicht benachteiligt ist (vgl. § 467a Abs. 1 StPO). Zu einer Hauptverhandlung kommt es demnach nur dann, wenn die StA die Klage nicht fallen läßt, weil nach ihrer Überzeugung ein hinreichender Tatverdacht nach wie vor besteht, oder weil sie die Klage nicht mehr fallen lassen kann, da bei Inkrafttreten des AmnestieG schon einmal eine Hauptverhandlung stattgefunden hat. Keinesfalls aber kann die StA die Klage nur fallen lassen, um das Verfahren mit der Begründung einzustellen, die an sich vorliegende Straftat falle unter den Anwendungsbereich des StFG.

c) Auf Ermittlungsverfahren findet die Vorschrift nach dem eindeutigen Gesetzeswortlaut selbst dann keine Anwendung, wenn dem Beschuldigten nach § 169a StPO der Abschluß der Ermittlungen mitgeteilt worden war. Wegen der Kosten und notwendigen Auslagen in diesem Fall siehe jedoch § 9 nebst Anmerkungen.

3. Die Fortführung des aufgrund des StFG eingestellten Verfahrens setzt einen **Antrag des Beschuldigten,** seines Verteidigers oder seines gesetzlichen Vertreters voraus. Eine Fortführung von Amts wegen ist nicht vorgesehen. Über Frist, Antragsbefugnis und Rücknahme des Antrags siehe Absatz 2. Versäumt der Beschuldigte die 2-Wochen-Frist des Abs. 2 Satz 1, so kann er nach allgemeinen Grundsätzen (vgl. §§ 44ff. StPO) Wiedereinsetzung in den vorigen Stand beantragen.

4. **Materielle Voraussetzung** für die Fortführung des Verfahrens ist, daß dem Beschuldigten bei einer Einstellung des Verfahrens aufgrund des StFG wegen des ursprünglich gegen ihn erhobenen Vorwurfs besondere Nachteile drohen und er deshalb ein überwiegendes Interesse hat, von diesem Vorwurf freigesprochen zu werden (Abs. 1 S. 1).

a) Ein besonderer Nachteil liegt insbesondere dann vor, wenn dem Beschuldigten aufgrund des ursprünglich gegen ihn erhobenen Vorwurfs weitere Verfahren drohen, z.B. ein Disziplinarverfahren, ein ehrengerichtliches Verfahren, ein Verfahren mit dem Ziel der Verweisung von einer Schule oder Hochschule oder wenn gegen ihn zivilrechtliche Schadensersatzansprüche geltend gemacht wurden oder zu erwarten sind (vgl. Begründung des SPD/FDP-Antrags, S. 7 der BT-Drucksache VI/392 sowie Begründung des Regierungsentwurfs, S. 7 der BT-Drucksache VI/486). Dem gleich steht der Fall, daß der Beschuldigte aufgrund des gegen ihn erhobenen strafrechtlichen Vorwurfs Schwierigkeiten in einem öffentlichrechtlichen Zulassungsverfahren zu erwarten hat, z.B. bei einem Antrag auf Zulassung als Rechtsanwalt oder auf Übernahme in den Schuldienst. In diesen Fällen kann der Beschuldigte ein dringendes Interesse daran haben, daß der gegen ihn erhobene Vorwurf in dem bereits gerichtlich anhängigen Strafverfahren geklärt und ausgeräumt wird und er sich nach einer Amnestierung nicht darauf verweisen lassen muß, seine Unschuld — bei möglicherweise schlechterer Beweislage — in dem Disziplinarverfahren, Zivilrechtsstreit usw. darzutun. Besonders nachteilig wäre die Einstellung des Verfahrens in diesen Fällen vor allem dann, wenn im Strafverfahren bereits ein freisprechendes, aber noch nicht rechtskräftiges Urteil vorliegt und die Staatsanwaltschaft (Privatkläger, Nebenkläger) nicht bereit ist, das eingelegte Rechtsmittel zurückzunehmen. Der Anwendungsbereich des § 11 darf natürlich nicht auf diesen besonders extrem liegenden Fall beschränkt werden.

b) Ein überwiegendes Interesse des Beschuldigten an der Fortführung des eingestellten Verfahrens liegt dann vor, wenn die ihm durch die Amnestie drohenden besonderen Nachteile so gewichtig sind, daß das mit der Amnestie verfolgte allgemeine Interesse an einer Bereinigung der Verhältnisse zurücktreten muß (vgl. Begründung des SPD/FDP-Antrags und des gleichlautenden Regierungsentwurfs a.a.O.).

c) Die Entscheidung über den Antrag auf Fortführung des Verfahrens ergeht nach Anhörung der übrigen Verfahrensbeteiligten durch Beschluß. Das Verfahren richtet sich nach den Grundsätzen des sog. Freibeweises, d.h. das Gericht bestimmt den Umfang der Beweisaufnahme zur Klärung der Frage, ob dem Beschuldigten durch eine Amnestie besondere Nachteile drohen, nach pflichtgemäßem Ermessen.

d) Rechtsmittel: Wird der Antrag auf Fortführung des Verfahrens abgelehnt, so steht dem Beschuldigten das Rechtsmittel der sofortigen Beschwerde zu (Abs.2 S. 3). Der Beschluß, durch den die Fortführung des Verfahrens angeordnet wird, ist dagegen unanfechtbar. Ergibt sich allerdings in dem weiteren Verfahren, daß der Beschuldigte die Fortführung des Verfahrens nicht zur Vermeidung drohender Nachteile, sondern zu anderen Zwecken betreibt, z.B. um eine geeignete Bühne für neue Provokationen zu haben, so hat das Gericht die Möglichkeit, das fortgeführte Verfahren jederzeit wieder einzustellen (vgl. Begründung des Sonderausschusses, S. 4 der BT-Drucksache VI/526). Der dahingehende Gerichtsbeschluß ist wiederum mit der sofortigen Beschwerde anfechtbar.

5. **Führt das fortgesetzte Verfahren nicht zum Freispruch,** so ergeben sich folgende Möglichkeiten:

a) Hält das Gericht die Voraussetzungen einer Amnestierung nach § 2 Abs. 1 oder 2 für gegeben, ohne daß ein Ausnahmefall des Abs. 3 vorliegt, so wird das Verfahren durch Urteil nach § 260 Abs. 3 StPO eingestellt. Die Kosten des Verfahrens und die notwendigen Auslagen der Beteiligten fallen in diesem Fall dem Angeklagten zur Last (vgl. Abs. 4). § 9 findet keine Anwendung.

b) Hält das Gericht die Voraussetzungen einer Amnestierung nicht für gegeben, so steht einer Verurteilung nichts im Wege. Das Gericht ist insbesondere nicht an seine ursprüngliche Ansicht gebunden, wonach das Verfahren aufgrund des StFG einzustellen gewesen wäre. Dies ergibt sich aus der Erwägung, daß die Hauptverhandlung zu einem für den Angeklagten wesentlich ungünstigeren Ergebnis geführt haben kann, als ursprünglich nach Aktenlage angenommen wurde (vgl. Brandstetter Rn. 19 zu § 17 StFG 1954). Der Antrag auf Fortführung des Verfahrens ist — so gesehen — für den Angeklagten nicht nur mit einem erheblichen Kostenrisiko, sondern unter Umständen sogar mit dem Risiko einer Verurteilung verbunden.

6. Rechtsmittel: Das im fortgeführten Verfahren ergehende Urteil ist wie folgt anfechtbar:

a) Wird das Verfahren nach den Vorschriften des AmnestieG eingestellt, so hat der Angeklagte, der seinen Freispruch durchsetzen möchte, hiergegen die allgemeinen Rechtsmittel (Berufung bzw. Revision). Aber auch die Staatsanwaltschaft sowie etwaige Privat- oder Nebenkläger haben die Möglichkeit, das Einstellungsurteil mit Berufung oder Revision anzufechten, wenn sie die Auffassung vertreten, daß aufgrund der Hauptverhandlung eine Verurteilung hätte erfolgen müssen (s.o. Anm. 5b).

b) Wird der Angeklagte freigesprochen, so stehen der Staatsanwaltschaft (Privatkläger, Nebenkläger) die allgemeinen Rechtsmittel (Berufung, Revision) nicht nur dann zu, wenn sie seine Verurteilung anstreben, sondern auch dann, wenn sie die Auffassung vertreten, daß das Verfahren nach dem StFG einzustellen gewesen wäre.

c) Wird der Antrag auf Fortführung des Verfahrens erst in der Revisionsinstanz gestellt, so kann das Revisionsgericht bei offensichtlich unbegründeter Revision das Verfahren durch Beschluß nach § 349 Abs. 2 StPO einstellen. Reichen die tatsächlichen Feststellungen des Urteils zu einer solchen Entscheidung nicht aus, so ist das angefochtene Urteil aufzuheben und die Sache zur erneuten Entscheidung zurückzuverweisen.

§ 12 Land Berlin

Dieses Gesetz gilt nach Maßgabe des § 13 Abs. 1 des Dritten Überleitungsgesetzes vom 4. Januar 1952 (Bundesgesetzbl. I S. 1) auch im Land Berlin.

§ 13 Inkrafttreten

Dieses Gesetz tritt am Tage nach seiner Verkündung, jedoch nicht vor dem Dritten Gesetz zur Reform des Strafrechts, in Kraft.

Das StFG wurde — ebenso wie das 3. StrRG — am 21. Mai 1970 im Bundesgesetzblatt verkündet. Es ist demnach am 22. Mai 1970 in Kraft getreten.

Kolibri 360 GmbH
Ferdinand-Jühlke-Straße 7
99095 Erfurt, Deutschland
produktsicherheit@kolibri360.de